粤北生态产品第四产业价值实现路径与模式

张修玉　郑子琪　杨余宝　侯青青　吴锦泽◎著

内 容 提 要

本书从理论政策和实践案例两方面重点介绍粤北地区生态产品价值实现的路径和模式。在系统阐述生态产品的基本定义、生态产品价值实现的理论内涵和生态产品价值实现的政策进展的基础上，聚焦生态产品价值"难度量、难交易、难抵押、难变现"等问题，对粤北山区加快生态产品价值实现的基本思路和有效路径提出了建议及对策，并以韶关市四个典型山区在生态产品价值实现方面的探索实践为例，探索形成生态产品开发、生态保护补偿、生态文化旅游以及生态健康产业的不同路径与模式，以期为推动粤北山区发展方式绿色转型提供理论参考和路径借鉴。

图书在版编目（CIP）数据

粤北生态产品第四产业价值实现路径与模式 / 张修玉等著 . -- 北京：中国纺织出版社有限公司，2024.6.
ISBN 978-7-5229-1844-0

Ⅰ.F127.65

中国国家版本馆 CIP 数据核字第 20242W9B84 号

YUEBEI SHENGTAI CHANPIN DISICHANYE JIAZHI SHIXIAN LUJING YU MOSHI

责任编辑：向 隽 林双双 责任校对：高 涵
责任印制：储志伟

中国纺织出版社有限公司出版发行
地址：北京市朝阳区百子湾东里 A407 号楼 邮政编码：100124
销售电话：010—67004422 传真：010—87155801
http://www.c-textilep.com
中国纺织出版社天猫旗舰店
官方微博 http://weibo.com/2119887771
天津千鹤文化传播有限公司印刷 各地新华书店经销
2024 年 6 月第 1 版第 1 次印刷
开本：787×1092 1/16 印张：9
字数：93 千字 定价：88.00 元

凡购本书，如有缺页、倒页、脱页，由本社图书营销中心调换

参 著 人 员

张修玉	郑子琪	杨余宝	侯青青	吴锦泽
庄长伟	胡习邦	滕飞达	关晓彤	曹 君
韩 瑜	马秀玲	谢紫霞	孔玲玲	代血娇
陈星宇	田岱雯	姚一博	颜得义	崔建鑫
黄圣鸿	曾梓莹	刘 燕	孙皓然	

前言
PREFACE

"山水林田皆宝藏，滋养万物共此生"。大自然中的一草一木、一山一水，既是人类赖以生存发展的基本条件，也是人民追求美好生活的心灵慰藉。《全国主体功能区规划》中首次引入生态产品的概念，党的二十大报告就"推动绿色发展，促进人与自然和谐共生"作出具体部署，要求建立生态产品价值实现机制。随着"绿水青山就是金山银山"理念的深入人心，如何保障优质生态产品有效供给、实现生态产品价值已经成为新时代中国特色社会主义建设和全面推进美丽中国建设的重要任务。

本书结合理论政策和实践案例，对新时代生态文明建设背景下粤北地区生态产品价值实现理论研究与实践经验进行了系统论述与前瞻思考。理论研究部分，基于生态文明思想的"十个坚持"，梳理了生态文明建设的根本原则和科学方法，阐明了"生态兴则文明兴"的历史规律和"人与自然和谐共生"的现代文明追求。作为对生态文明思想的响应和实践，提出了增强生态产品供给能力与促进生态产品价值实现的有关对策和建议。实践案例部分，针对粤北山区独特的自然资源与生态优势，以韶关市四个县的成功实践为例，探讨了其生态产品价值的挖掘、转换、实现与可持续发展模式，不但能为其他地区提供可借鉴、可复制的经验模式，而且对促进生态产业发展，推动生态文明建设都具有重大的理论和实践意义。

生态产品价值实现是我国生态文明建设的重要路径，是连接"绿水青山"和"金山银山"之间的桥梁，是推进城乡区域协调发展的绿色引擎。我们期待本书能够激发广大读者对生态产品价值实现有更多的关注与思考，共同参与到美丽中国和生态文明建设的伟大事业之中，助力构建人与自然和谐共生的现代化，实现经济社会永续健康发展。

上篇 理论政策篇

第 1 章 牢固树立社会主义生态文明观 / 2

    1.1 坚持党对生态文明建设的全面领导 / 3

    1.2 坚持生态兴则文明兴 / 4

    1.3 坚持人与自然和谐共生 / 5

    1.4 坚持"绿水青山就是金山银山" / 5

    1.5 坚持良好生态环境是最普惠的民生福祉 / 6

    1.6 坚持绿色发展是发展观的深刻革命 / 7

    1.7 坚持山水林田湖草沙系统治理 / 8

    1.8 坚持用最严格的制度、最严密的法治保护生态环境 / 9

    1.9 坚持美丽中国建设的全民行动 / 10

    1.10 坚持共谋全球生态文明建设之路 / 11

第 2 章 生态文明建设的科学内涵 / 12

    2.1 生态文明建设的新时代观 / 12

    2.2 生态文明建设的新系统观 / 13

2.3 生态文明建设的新矛盾观 / 14

2.4 生态文明建设的新生态观 / 16

2.5 生态文明建设的新发展观 / 17

第3章 生态产品价值实现的理论研究 / 19

3.1 生态产品定义与内涵 / 19

3.2 生态产品价值实现的理论基础 / 20

3.3 生态产品价值实现与"绿水青山就是金山银山"转化的关系 / 22

3.4 生态产品第四产业理论基础 / 24

第4章 国内外生态产品价值研究综述 / 27

4.1 国外研究实践 / 27

4.2 国内研究实践 / 30

第5章 生态产品价值实现相关政策进展 / 36

5.1 顶层制度 / 36

5.2 自然资源交易 / 38

5.3 乡村振兴 / 41

5.4 生态保护补偿 / 43

5.5 绿色金融 / 46

第6章 粤北山区生态产品价值实现路径的建议 / 48

6.1 建立生态产品价值评价体系,破解"度量难" / 48

6.2 培育生态产品开发经营体系,破解"变现难" / 49

6.3 完善生态产品权益交易体系,破解"交易难" / 54

6.4 健全生态产品价值支撑体系,破解"抵押难" / 55

下篇　实践案例篇

第 7 章　生态产品开发模式实践——以韶关市始兴县为例 / 58

  7.1　区域概况 / 58

  7.2　生态产品价值实现探索实践 / 62

  7.3　生态产品价值实现有效路径 / 72

第 8 章　生态保护补偿模式实践——以韶关市新丰县为例 / 79

  8.1　区域概况 / 79

  8.2　生态产品价值实现探索成效 / 83

  8.3　生态产品价值实现有效路径 / 94

第 9 章　生态文化旅游模式实践——以韶关市仁化县为例 / 100

  9.1　区域概况 / 100

  9.2　生态产品价值实现探索成效 / 104

  9.3　生态产品价值实现有效路径 / 111

第 10 章　生态健康产业模式实践——以乳源瑶族自治县为例 / 115

  10.1　区域概况 / 115

  10.2　生态产品价值实现探索成效 / 119

  10.3　生态产品价值实现有效路径 / 126

参考文献 / 131

上篇

理论政策篇

第1章

牢固树立社会主义生态文明观

社会主义生态文明观传承中华民族传统文化、顺应时代潮流和人民意愿，站在坚持和发展中国特色社会主义、实现中华民族伟大复兴中国梦的战略高度，深刻回答了为什么建设生态文明、建设什么样的生态文明、怎样建设生态文明等重大理论和实践问题，是新时代"生态治国　文明理政"的科学指引。

2022年，中共中央宣传部与生态环境部组织编写的《习近平生态文明思想学习纲要》（以下简称《纲要》）正式出版，中央宣传部要求各级党委（党组）把《纲要》纳入学习计划，自觉做习近平生态文明思想的坚定信仰者和忠实践行者。《纲要》与时俱进，总体确立了"十个坚持"，包括坚持党对生态文明建设的全面领导（根本保证）、坚持生态兴则文明兴（历史依据）、坚持人与自然和谐共生（基本原则）、坚持绿水青山就是金山银山（核心理念）、坚持良好生态环境是最普惠的民生福祉（目的宗旨）、坚持绿色发展是发展观的深刻革命（实践路径）、坚持山水林田湖草沙系统治理（统筹观念）、坚持用最严格制度最严密法治保护生态环境（制度保障）、坚持美丽中国建设的全民行动（群众基础）与坚持共谋全球生态文明建设之路（全球倡议）。习近平生态文明思想为新时代生态文明建设锚定了新的历史定位、指明了前进方向、明确了行动指南、提供了政治保障。

1.1 坚持党对生态文明建设的全面领导

"坚持党对生态文明建设的全面领导"是生态文明建设的根本保证。党的二十大报告指出，"以中国式现代化全面推进中华民族伟大复兴"是中国共产党在新时代踏上新征程的使命，必须始终坚持中国共产党对生态文明建设的全面领导。党的十八大以来，党中央深刻把握生态文明建设在习近平新时代中国特色社会主义事业中的重要地位和战略意义，对生态文明建设作出了一系列重大战略部署，明确"五位一体"总体布局，生态文明建设被放在突出位置，这既体现了党的百年奋斗历史经验，也是全面系统推进生态文明建设、实现美丽中国目标的必然要求。从党的十八大把生态文明建设纳入"五位一体"总体布局，到党的十九大明确坚持人与自然和谐共生是新时代坚持和发展中国特色社会主义基本方略之一，再到党的二十大强调促进人与自然和谐共生是中国式现代化的本质要求，生态文明建设在中国共产党治国理政实践中的地位越来越重。坚持党对生态文明建设的全面领导，充分体现了中国的体制优势和制度优势，大大增强了生态文明建设的凝聚力。

建设美丽中国，其核心在于构建人与自然和谐共生的社会形态，由此满足人民日益增长的优美生态环境需求。这要求我们必须坚持和加强党对生态文明建设的全面领导，不断提高政治判断力、政治领悟力、政治执行力，把生态文明建设摆在全局工作的突出位置，确保党中央关于生态文明建设的各项决策部署落地见效。在社会主义现代化建设"五位一体"总体布局中，经济建设是基础，政治建设是保障，文化建设是载体，社会建设是条件，在党对生态文明建设的全面领导下，生态文明建设则是贯穿并深深融入上述四个文明建设的全过程。

1.2 坚持生态兴则文明兴

"坚持生态兴则文明兴"是生态文明建设的历史依据。一部人与自然关系的演变史，就是一部人类文明的兴衰史。迄今为止，人类文明发展经历了四个阶段，一是始于两百多万年前原始和谐的采猎文明，即文明1.0——蓝色文明；二是始于一万年前掠夺自然的农耕文明，即文明2.0——黄色文明；三是始于三百多年前征服自然的工业文明，即文明3.0——黑色文明；四是由中国提出、实践并引领的生态文明，即文明4.0——绿色文明。人类文明发展史表明，人类活动一旦超越了环境承载力，就会导致生态失衡。生态文明是在反思纠正工业文明所造成的人与自然关系极度恶化的基础上，充分发挥人的主观能动性，以可持续发展为特征建立起人与自然、人与社会的良性运行和协调发展关系。

建设生态文明是关系中华民族永续发展的根本大计，功在当代、利在千秋。生态文明建设关系人民福祉，关乎民族未来，事关"两个一百年"奋斗目标和中华民族伟大复兴中国梦的实现。"生态治国　文明理政"已成为当今中国特色社会主义伟大事业的主旋律。

1.3 坚持人与自然和谐共生

"坚持人与自然和谐共生"是生态文明建设的基本原则。党的二十大报告指出:"尊重自然、顺应自然、保护自然,是全面建设社会主义现代化国家的内在要求。必须牢固树立和践行'绿水青山就是金山银山'的理念,站在人与自然和谐共生的高度谋划发展"。生态文明建设的核心问题就是要协调处理好人与自然的关系。社会主义生态文明观以理论创新解决发展中的环境短板、突出难题的重大生态决策,是作为人类文明理念发展的新阶段,需要将生态理念全面融入国土空间布局、产业发展、生活方式、价值观念以及制度完善等方面的变革。

社会主义生态文明观通过多种渠道对人类社会的生存和发展进行全面引导和调整,从而不断充实与完善我国社会主义特色的科学发展道路。保护自然就是保护人类,建设生态文明就是造福人类。必须尊重自然、顺应自然、保护自然,像保护眼睛一样保护生态环境,像对待生命一样对待生态环境,退耕还林、防治荒漠、保护湿地、拯救物种、应对气候变化,还自然以宁静、和谐、美丽。

1.4 坚持"绿水青山就是金山银山"

"坚持'绿水青山就是金山银山'"是生态文明建设的核心理念,科学阐释了社会经济发展和生态环境保护之间的辩证关系,揭示了保护生态环境就是保护生产力、改善生态环境就是发展生产力的道理。"绿水青山"指的是良好的生态环境与自然资源资产,"金山银山"指的是经济发展与物质财富,两者不是对立矛盾的,而是辩证统一的。"绿水青山就是金山银山"的本质就是指环境与经济的协调发展，并为绿色发展提出了方针原则，做出了战略决策，明确了顶层设计，厘清了发展思路，指明了前进方向，体现了对人类发展意义的深刻思考，彰显了当代中国共产党人高度的文明自觉和生态自觉。

正确处理好生态环境保护和发展的关系，是实现可持续发展的内在要求，也是推进中国式现代化建设的重大原则。如何让"绿水青山"带来"金山银山"？基本思路就是实现循环经济与生态经济的统一协调发展，一是在粗放式工业化走在前头的发达地区大力发展"减量化、再利用、资源化"的循环经济，有效减少消耗、降低污染、治理环境，努力建设资源节约型和环境友好型社会，恢复"绿水青山"，又不失"金山银山"。二是对具有"绿水青山"的欠发达地区，则大力发展主要由生态农业、生态工业和生态旅游业构成的生态经济体系，把这些生态环境优势转化为经济优势，那么"绿水青山"也就变成了"金山银山"。

1.5 坚持良好生态环境是最普惠的民生福祉

"坚持良好生态环境是最普惠的民生福祉"是生态文明建设的目的宗旨。中国自古以来就重视人类社会福祉的创造，《韩诗外传》记载"是以德泽洋乎海内，福祉归乎王公"；唐朝李翱《祭独孤中丞文》也说"丰盈角犀，气茂神全，当臻上寿，福祉昌延"；孙中山在《同盟会宣言》发出号召"复四千年之祖国，谋四万万人之福祉"。近年来，世界经济在为发达国家营造全球市场，转移低端制造业的过程中，也将人类对自然资源的利用及对生态环境的污染与破坏推入了全球性阶段。

党的二十大报告中多次强调坚持人民至上、坚持以人民为中心的发展思想，再次强调了"人民日益增长的美好生活需要"全面涵盖了人民对经济、政治、文化、社会、生态文明发展的期望。社会主义生态文明观力求创造绿色低碳的生活环境、健康祥和的社会环境、自由持续的发展环境，环境就是民生，青山就是美丽，蓝天也是幸福。必须坚持以人民为中心，重点解决损害群众健康的突出环境问题，提供更多优质生态产品，才能满足人民日益增长的美好生活需要。良好的生态环境是最公平的公共产品，也是最普惠的民生福祉。要提供良好的生态产品，必须做好三项重点工作：一是提升生态功能，加强生态保护与修复；二是强化污染防治，持续改善环境质量；三是综合整治农村，全面建设美丽乡村。

1.6　坚持绿色发展是发展观的深刻革命

"坚持绿色发展是发展观的深刻革命"是生态文明建设的实践路径。党的二十大报告对"推动绿色发展、促进人与自然和谐共生"作出重大安排部署，报告明确了新时代必须完整、准确、全面贯彻新发展理念，通过建设现代化产业体系推动产业结构的调整优化，构建一批包括生物技术、新能源、新材料、绿色环保等在内的新增长引擎，发展战略性新兴产业集群，从而加快发展方式的绿色转型。推动经济社会绿色发展是实现高质量发展的关键环节。绿色高质量发展与科学发展观是一脉相承的理论体系，是贯彻新发展理念的重要组成部分，是促进经济社会全面绿色转型的必由之路。坚持绿色发展是发展观的一场深刻革命，要从转变经济发展方式、环境污染综合治理、自然生态保护修复、资源节约集约利用、完善生态文明制度体系等方面采取超常举措，全方位、全地域、全过程开展生态环境保护。

要坚持"绿水青山就是金山银山"的理念，把经济活动和人类行为限制在自然资源和生态环境阈值之内，将绿色发展内化于社会主义现代化远景目标之中。一是推进产业升级，实现发展转型，创新经济的发展模式，着力构建以资源节约型和环境友好型产业为主的现代产业发展体系，实现经济绿色转型。二是规范产业园区管理，以双碳工作为抓手实现节能减排，走科技含量高、经济效益好、资源消耗低、环境污染少、人力资源优势得到充分发挥的新型工业化道路。三是注重科技创新，发展特色产业，支持绿色物流业、绿色生活服务业以及新兴绿色服务业的发展，为产业发展增添活力和创新力。

1.7 坚持山水林田湖草沙系统治理

"坚持山水林田湖草沙系统治理"是生态文明建设的统筹观念。从党的十九大报告"统筹山水林田湖草系统治理"再到党的二十大报告"坚持山水林田湖草沙一体化保护和系统治理"，五年的发展实践又一次深化了社会主义生态文明观对生命共同体的思想认识。"命脉"把人与山水林田湖连在一起，生动形象地阐述了人与自然之间唇齿相依的一体性关系，揭示了山水林田湖草之间的合理配置和统筹优化对人类健康生存与永续发展的意义。我们要加快山水林田湖草生态保护修复，实现格局优化、系统稳定、功能提升。开展山水林田湖草沙整体生态保护修复并作为生态文明建设的系统抓手，关系生态文明建设和美丽中国建设进程，关系国家生态安全和中华民族永续发展。开展山水林田湖草沙冰生态保护修复是贯彻绿色发展理念的有力举措，是破解生态环境难题的必然要求。

一是全面摸清生态环境突出问题，从"山水林田湖草沙冰生命共同体"的理念着手，真正摸清生态系统状况与变化趋势，为生态保护修复和管理提供可靠的支撑。二是划定生态保护与修复部署片区，依据区域突出生态环境问题与主要生态功能定位，确定生态保护与修复工程部署区域。三是制定生态保护与修复工程，统筹山水林田湖草沙冰各种生态要素，对工程全面部署。四是从组织领导、干部绩效考核、资金筹措与投入等方面建立健全工程实施保障制度措施。

1.8 坚持用最严格的制度、最严密的法治保护生态环境

"坚持用最严格的制度、最严密的法治保护生态环境"是生态文明建设的制度保障。习近平法治思想是依法治国的科学遵循，习近平生态文明思想是建设美丽中国的指导方针，两者相辅相成，互成体系。保护生态环境需要完善生态文明制度体系，健全生态制度是生态文明治理体系的系统保障，我国要深化生态文明体制改革，尽快把生态文明制度的"四梁八柱"建立起来，把生态文明建设纳入制度化、法治化轨道，包括自然资源资产产权制度、国土开发保护制度、空间规划体系、资源总量管理和节约制度、资源有偿使用和补偿制度、生态环境治理制度、环境治理与生态保护市场体系、生态文明绩效评价考核和责任追究等制度体系。

同时，新时代必须持续纵深推进《中华人民共和国环境保护法》（后文简称《环境保护法》）。《环境保护法》明确提出和规定了环境保

护的基本制度，遵循的基本原则，规定了地方政府、企业事业单位、公民环境保护的权力、责任与义务。《环境保护法》在环境保护的法律法规体系中处于最重要的基础地位，相当于环境领域的"母法"，即上位法，其他环境保护的单项法律在修订和执行中都应遵循并服从于《环境保护法》。因此《环境保护法》是环境法律体系的龙头和"纲"，必须"纲举目张"。《环境保护法》是生态文明建设的基石，也是生态环境保护的法治保障。

1.9 坚持美丽中国建设的全民行动

"坚持美丽中国建设的全民行动"是生态文明建设的群众基础。美丽中国是人民群众共同参与、共同建设、共同享有的事业。一是深化生态创建，夯实生态文明基础。按照生态文明建设阶段目标要求，深入开展国家生态文明建设示范区与"绿水青山就是金山银山"实践创新基地等系列创建活动和绿色细胞工程建设，不断巩固和深化建设成果，为生态文明建设的阶段目标打下坚实的基础。二是加强宣传教育，营造全民参与氛围。通过构建多层次、全范围的生态文明宣教体系，深入开展生态文明建设宣传教育活动，不断提升生态文明理念的认知水平，营造全民参与生态文明建设的良好氛围。

美丽中国还要更好地发挥群众和社会组织的作用，充分体现政府、公民、企业和其他社会组织共同参与生态文明建设的过程。要大力宣传生态文明理念和环境保护知识，提高全民的环境意识。强化环境信息公开，保障公众环境知情权、参与权和监督权。加强环境标志认证，倡导绿色消费。畅通环保信访、环保热线、各级环保政府网络邮箱等信访投诉渠道，实行有奖举报，鼓励环境公益诉讼。建立政府相关部门协作机制，完善政府、企业和社团组织的生态文明参与互动机制。

1.10 坚持共谋全球生态文明建设之路

"坚持共谋全球生态文明建设之路"是生态文明建设的全球倡议。党的二十大报告指出，中国尊重世界文明多样性，文明发展应兼容并蓄、海纳百川，"以文明交流超越文明隔阂、文明互鉴超越文明冲突、文明共存超越文明优越"。中国人民不仅希望自己过得好，也希望各国人民过得好。当前，战乱和贫困依然困扰着很多国家和地区，疾病和灾害也时时侵袭着众多百姓。国际社会携起手来，秉持人类命运共同体的理念，把我们这个星球建设得更加和平、更加繁荣。让和平的薪火代代相传，让发展的动力源源不断，让文明的光芒熠熠生辉，是各国人民的期待，也是我们这一代应有的担当。中国方案是构建人类命运共同体，建设美丽清洁的星球。

生态文明作为人类文明发展的一个新的阶段，是现代工业文明之后的后现代文明形态，它是人类遵循人、自然、社会和谐发展这一客观规律而取得的物质与精神成果的总和，它以人与自然、人与人、人与社会和谐共生、良性循环、全面发展、持续繁荣为基本宗旨的人类社会与自然环境集成的伦理形态。建设生态文明是中国人民向全人类所做出的郑重承诺，中华民族将努力探索一条实现物质丰富、社会稳定、政治平等、文化繁荣、生态文明的全球共赢之路。

第2章

生态文明建设的科学内涵

深刻领会生态文明建设的"新时代观""新系统观""新矛盾观""新生态观""新发展观",为牢固树立社会主义生态文明观打下坚实基础,对促进绿色高质量发展具有极为重要的现实意义。

2.1 生态文明建设的新时代观

20世纪新自由主义倡导的世界经济一体化在为发达国家营造全球市场、转移低端制造业的过程中,也将人类对自然资源的利用及对生态环境的污染与破坏推入了全球性阶段。现实经验证明,实现工业化的过程未有一例幸免于污染,发达国家依靠转移低端产业才根治了污染,后发展中国家已无处可转移。全球生态环境不足以支撑传统模式的经济社会发展,必须以新的视角审视我们的经济社会,建立生态环境新秩序，才能支撑人类的持续发展。《中共中央国务院关于加快推进生态文明建设的意见》《生态文明体制改革总体方案》《关于设立统一规范的国家生态文明试验区的意见》《生态文明建设目标评价考核办法》与《关于构建现代环境治理体系的指导意见》等国家制度顶层设计明确提出以"绿水青山就是金山银山"为指导思想，紧紧围绕建设美丽中国深化生态文明体制改革，加快探索建立生态文明制度建设的"四梁八柱"，推动形成人与自然和谐发展的现代化建设新格局。

"绿水青山就是金山银山"坚持实事求是，面对现实、面向未来，坚持与时俱进，以理论创新解决发展中的环境短板、突出难题。虽然当今世界存在着不同利益群体、不同宗教信仰、不同意识形态与不同社会制度，但"绿水青山就是金山银山"会让我们和平共处，理性选择我们共同的未来。把"绿水青山就是金山银山"融入"一带一路"，能把多方优势和潜能充分发挥出来，让生态文明建设成果更多更公平惠及各国人民，最终打造人类利益共同体和命运共同体。

2.2 生态文明建设的新系统观

党的十八大报告创造性地提出了"五位一体"的总体布局，党的十九大报告要求"加快生态文明体制改革"，这意味着中国特色社会主义建设将从局部现代化到实现全面现代化。将"绿水青山就是金山银山"作为生态文明指导思想贯穿经济、社会、政治与文化各方面与全过程，明确突出生态文明在"五位一体"中的地位，坚持不懈地加以推进，是我们党根据社会主义现代化建设的实践经验与战略构想作出的总体部署，也是新时期"生态治国　文明理政"道路上的战略选择。

党的十八届五中全会提出"创新、协调、绿色、开放、共享"的新发展理念，是新时期生态文明建设的五大路径，更是"绿水青山就是金山银山"全球思维的系统发展。"绿水青山就是金山银山"的系统联系观，是对中国特色社会主义理论体系的完善与发展，适应了新时期我国改革开放和社会主义现代化建设进入关键时期的客观要求，体现了广大人民群众的根本利益，反映了我们党在执政道路上对社会主义建设规律的新认识。

"天生物有时，地生财有限，而人之欲无极，以有时有限奉无极之欲，而法制不生期间，则必物殄而财乏用矣。"要实现绿水青山，必须以"绿水青山就是金山银山"为指导，建设生态文明六大体系。一是坚持统一布局，构建科学优化合理的生态空间体系；二是坚持转型升级，发展绿色低碳循环的生态经济体系；三是坚持标本兼治，维护清洁安全稳定的生态环境体系；四是坚持规划先行，建设优美舒适宜居的生态人居体系；五是坚持以文化人，培育和谐文明多元的生态文化体系；六是坚持城乡统筹，健全高效民主完善的生态制度体系。"生态空间体系、生态经济体系、生态环境体系、生态人居体系、生态文化体系与生态制度体系"相互联系、相互支撑，其中，生态空间是"局"——优化布局；生态经济是"基"——实现基础；生态环境是"目"——实质目标；生态制度是"纲"——行为规范；生态文化是"常"——道德载体；生态人居是"用"——人天共享。

2.3 生态文明建设的新矛盾观

正确处理好生态环境保护和发展的关系，是实现可持续发展的内在要求，也是推进现代化建设的重大原则。"绿水青山"和"金山银山"不是对立的，关键在人，关键在思路。保护生态环境就是保护生产力，改善生态环境就是发展生产力。我们在实践中对"绿水青山"和"金山银山"这"两座山"之间关系的认识经过了三个阶段：第一个阶段是一味索取资源，不考虑或者很少考虑生态环境承载能力，用"绿水青山"去换"金山银山"。第二个阶段是经济发展和资源匮乏、环境恶化之间的矛盾开始激化，开始意识到环境是我们生存发展的根本，要留得青山在，才能有柴烧，这个阶段既要"金山银山"，但是也要保住"绿水青山"。第三个阶段是认识到"绿水青山"可以源源不断地带来"金山银山"，生态优势变成经济优势，"绿水青山"本身就是"金山银山"。让"绿水青山"充分发挥经济社会效益，不是要把它破坏了，而是要把它保护得更好，这样才能因地制宜选择好发展产业，切实做到经济效益、社会效益、生态效益同步提升，实现百姓富、生态美的有机统一。

"绿水青山就是金山银山"深刻阐述了人与自然对立统一的关系，回答了什么是生态文明、怎样建设生态文明的一系列重大理论和实践问题。"绿水青山就是金山银山"揭示了生态环境价值的本来面貌，反映了要尊重自然规律，采用集约、高效、循环、可持续的利用方式开发利用自然资源、环境容量和生态要素。良好的生态环境是人和社会持续发展的根本基础，蓝天白云、青山绿水是长远发展的最大本钱。"绿水青山就是金山银山"科学论断，蕴涵着对人类文明发展经验教训的历史总结，针对资源约束趋紧、环境污染严重、生态系统退化等问题，为生态文明建设提出了方针原则，作出了战略决策，明确了顶层设计，厘清了发展思路，指明了前进方向，体现了对人类发展意义的深刻思考，彰显了当代中国共产党人高度的文明自觉和生态自觉。从这个意义上说，"绿水青山就是金山银山"是社会主义生态文明观的指导思想与理论基础，是辩证唯物主义的发展与升华。

2.4 生态文明建设的新生态观

自然生态观的核心是人与自然和谐相处，它不仅明确了人在自然界中所扮演的角色，而且还深刻地阐明人与自然的本质关系和实现形式。在哲学的意义上，人类源于自然、对抗自然、驾驭自然，最终必然融合回归自然。人类与自然之间的关系贯穿人类由"必然王国"走向"自由王国"的全过程，人与自然的关系经历了采猎文明时代使用工具的"操戈抗争"，农耕文明时代定居守业的"守阵抗争"，工业文明前期全面开发生态环境资源的"掠夺抗争"，以及工业文明后期尤其快速城市化以来人类不得不在自己建设的家园内与自己造成生态破坏与环境污染对抗的"同城抗争"。显然，"同城抗争"不是我们追求的生态环境新秩序，"绿水青山"才是生态文明的终极福祉。"绿水青山就是金山银山"是人与自然双重价值的体现，有着丰富的哲学内涵和实践价值，不仅对中国走"生产发展、生活富裕、生态良好"的可持续发展道路有着重要的指导作用，而且对自然生态观的发展与实践也具有重要的深远意义。

在人类历史发展过程中，工业文明使人类掌握了强大的科学力量和先进工具，迫使自然界竭尽其能为人类服务。然而，工业文明在为人类创造巨大财富的同时也将人类对自然资源的利用及对生态环境的污染与破坏推入了灾难性阶段，环境恶化与生态退化日渐突出，现代工业革命正在把人类带上了一条自我毁灭的不归路。"超越现代工业文明，走向后现代生态文明"是目前西方后现代主义所追求的终极社会福祉，他们提出创造"绿色低碳的生活环境、健康祥和的社会环境、自由持续的发展环境"，这与"绿水青山就是金山银山"崇尚的"天人合一"道德观，"人与自然和谐平等"价值观，"以资源为基础适度消费"发展观不谋而合。"绿水青山就是金山银山"发展理念指明了实现发展和保护内在统一、相互促进和协调共生的方法论，是指导中国实现中华民族绿色崛起的重要思想理论法宝。加强"绿水青山就是金山银山"自然生态观的宣传，使"绿水青山就是金山银山"成为新常态社会的信仰与追求，这不仅会改善全球的生态环境质量，也会给人类社会发展带来新的福祉。

2.5 生态文明建设的新发展观

"绿水青山就是金山银山"与科学发展观是一脉相承的理论体系。环境也是生产力，破坏环境就是破坏生产力，保护环境就是保护生产力，改善环境就是发展生产力。"绿水青山"指的是良好的生态环境与自然资源资产，"金山银山"指的是经济发展与物质财富，"绿水青山就是金山银山"的本质就是指环境与经济的协调发展。生态兴则文明兴，生态衰则文明衰。如何让"绿水青山"带来"金山银山"？基本思路就是实现循环经济与生态经济的统一协调发展：一是在粗放式工业化走在前头的发达地区大力发展"减量化、再利用、资源化"的循环经济，有效减少消耗、降低污染、治理环境，努力建资源节约型和环境友好型社会，恢复"绿水青山"，又不失"金山银山"；二是对具有

"绿水青山"的欠发达地区，则大力发展主要由生态农业、生态工业和生态旅游业构成的生态经济体系，把这些生态环境优势转化为经济优势，那么"绿水青山"也就变成了"金山银山"。

全面建成小康社会，就要妥善处理好环境与经济协调发展的关系，实现区域、城乡、群体之间的公平和谐。党的十九大报告明确提出最新要求，一是推进绿色发展，二是着力解决突出环境问题，三是加大生态系统保护力度，四是改革生态环境监管体制。我们必须树立和践行"绿水青山就是金山银山"的理念，坚持节约资源和保护环境的基本国策，像对待生命一样对待生态环境，统筹山水林田湖草系统治理，实行最严格的生态环境保护制度，形成绿色发展方式和生活方式，坚定走生产发展、生活富裕、生态良好的文明发展道路，建设美丽中国，为人民创造良好生产生活环境，为全球生态安全作出贡献。"绿水青山就是金山银山"发展理念深入人心，中国如火如荼的生态文明实践正引起国际社会的广泛关注，也昭示着"绿水青山就是金山银山"将引领生态文明建设新时代的美丽中国愿景。

第3章

生态产品价值实现的理论研究

自然环境作为人类生存与发展的物质基础，同时也是人民美好生活的重要组成部分，它提供着空气、水源、食物、气候和美景等不可或缺的生态产品，满足人们生存、生产和精神文化多元需求。不同于物质和文化产品，生态产品侧重满足人们生态安全、生态享受、生态情感等方面的需求。随着社会进步，人们对优质生态产品的需求日益增长且更为强烈。

3.1 生态产品定义与内涵

2010年，国务院发布《国务院关于印发全国主体功能区规划的通知》。这是首次在政府文件中提出了"生态产品"概念，指的是"维系生态安全、保障生态调节功能、提供良好人居环境的自然要素，包括清新的空气、清洁的水源、宜人的气候等"。随着"绿水青山就是金山银山"的不断深入，学者们对生态产品的理解有了较大的拓展，将生态产品的概念划分为狭义与广义两个层面。狭义的生态产品沿用了《全国主体功能区规划》中的定义，认为生态产品是一种看似与人类劳动没有直接关系的自然产品，是自然生态系统所具有的调节局部气候、稳定物质循环、持续提供生态资源、为人类提供生存条件等的多种功能。广义的生态产品，不仅包括自然要素，还包括那些经过产业化加工的、提供给人类社会使用和消费的终端产品或服务。广义层面的生态产品综合考虑了自然要素与人类劳动的共同作用，更符合当前我国经济社会可持续发展阶段对更多优质的生态产品的现实需要。

3.2 生态产品价值实现的理论基础

3.2.1 "绿水青山就是金山银山"的绿色发展观

生态产品价值实现是"绿水青山就是金山银山"的实践抓手和物质载体。"绿水青山"指的是良好的生态环境与自然资源资产，"金山银山"指的是经济发展与物质财富，其本质就是指经济与环境的协调发展。要认识到"绿水青山"既是自然财富，又是经济财富。以"绿水青山"为代表的高质量生态系统，是提供生态产品的核心主体，是发展绿色经济的新动能。保护生态就是保护自然价值和增值自然资本的过程，保护环境就是保护经济社会发展潜力和后劲的过程。由于生态环境可以转化为经济优势，通过大力发展生态农业、生态工业和生态旅游业等构成的生态经济体系，将生态环境转化为可消费的生态产品，从而实现生态产品的市场经济价值,"绿水青山"就可以源源不断地变成"金山银山"。

3.2.2 "良好生态环境是最普惠民生福祉"的基本民生观

良好的生态环境是最公平的公共产品,也是最普惠的民生福祉。改革开放以来,我国经济通过粗放型的发展模式取得了高速发展,但同时也存在自然资源的过度消耗和生态环境的随意破坏,自然生态产品的供给不足严重阻碍了人民群众生活质量的提升。随着中国特色社会主义进入新时代,人民群众对清新的空气、干净的水源、茂盛的森林、适宜的气候等优质生态资源的需求越来越强烈。我们既要创造更多物质财富和精神财富以满足人民日益增长的美好生活需要,也要提供更多优质生态产品以满足人民日益增长的优美生态环境需要。这就需要坚持绿色发展,大力生产优质的生态产品,让"绿水青山"成为新的经济增长点。"绿水青山"就是"金山银山"既为人民群众提供美丽的生活空间,又不断产生可利用的优质资源。只有探索生态产品价值实现机制,把"绿水青山"所蕴含的生态产品价值转化为"金山银山",才能不断满足人民日益增长的优美生态环境的需要。

3.2.3 "山水林田湖草沙是生命共同体"的整体系统观

"山水林田湖草沙生命共同体"理念深刻阐述了人与自然的辩证关系,是贯彻绿色发展理念的有力举措,是建设生态文明的重要理论指导。"命脉"把人与山水林田湖沙连在一起,生动形象地阐述了人与自然之间唇齿相依的一体性关系,揭示了山水林田湖草之间的合理配置和统筹优化对人类健康生存与永续发展的意义。

"山水林田湖草沙是生命共同体"是对中华传统生态哲学的传承与发展。西双版纳傣族人民在与大自然的长期相处中，历来遵循着"有林才有水，有水才有田，有田才有粮，有粮才有人"的祖训。共同体理念作为山水林田湖草沙系统治理的指导思想，与傣族人民这种保护自然的生态哲学不谋而合。山水林田湖草沙生态系统在给人类带来物质产品和精神产品的同时，也为人类提供着生态产品。人类活动的开发利用一旦忽略了山、水、林、田、湖、草、沙其中一种自然资源对整个生态系统的影响，生态系统会不可避免遭到一定破坏，提供生态产品的能力也会下降。

3.3 生态产品价值实现与"绿水青山就是金山银山"转化的关系

3.3.1 生态产品价值实现是"绿水青山就是金山银山"转化的具体实践

"绿水青山就是金山银山"中的"绿水青山"是高质量生态环境的形象表达，与"生态产品"内涵相符，"金山银山"与"价值"有直接关联性，指人类在利用自然资源过程中所产生的价值总和，"实现"与"转化"可以理解为同义替代。因此，生态产品价值实现是"两山"转化的具体实践。可以理解为，生态产品价值实现是指在尊重自然、顺应自然、保护自然的前提下，将"绿水青山"中蕴含的生态产品价值增值变现，将生态产品的生态价值显化并转化为经济价值和社会价值。为实现生态产品的价值，自然生态系统服务功能需要通过评估来确认其经济价值，并通过市场交易、政府购买等途径获得其经济效益。因此，生态产品价值实现的理论基础主要包括生态环境和产业发展两大领域，包含环境经济学、生态经济学、资源经济学、制度经济学、产业经济学等相关学科的理论基础。生态产品价值实现与"绿水青山就是金山银山"转化的逻辑关系如图3-1所示。

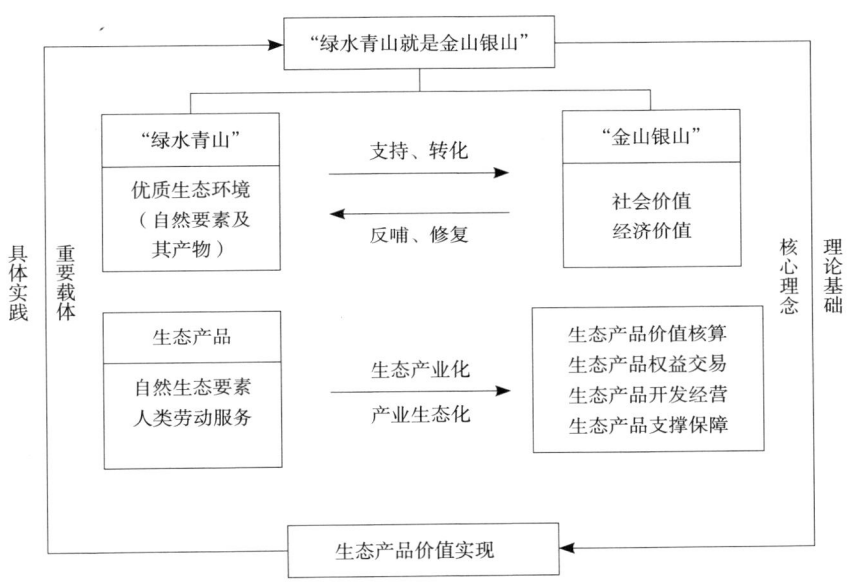

图3-1 生态产品价值实现与"绿水青山就是金山银山"转化的逻辑关系

3.3.2 生态产品价值实现是搭建"绿水青山就是金山银山"的桥梁

"绿水青山"指的是良好的生态环境与自然资源资产，是满足人民对优美生态环境需要的基础，"金山银山"指的是经济发展与物质财富，是满足人民对美好生活需要的前提。生态产品是"绿水青山"在市场中的产品形式，可以理解为所有良好生态环境为人类提供多样福祉惠益的统称。生态产品价值实现的内在逻辑是将"绿水青山"蕴含的生态系统服务"盈余"和"增量"转化为"金山银山"。因此，生态产品价值实现是"绿水青山"和"金山银山"双向循环的关键路径。充分挖掘良好生态环境所蕴含的经济价值，大力发展生态农业、生态工业和生态旅游业等构成的生态经济体系，把自然资源以市场化模式转化为可交换消费的生态产品，推动生态产业化和产业生态化，从而，"绿水青山"就可以源源不断地变成"金山银山"。同时，为保障转化的长效性、可持续性，必须加强对"绿水青山"的治理投入，通过生态修复、生态建设等增强生态系统服务功能，生产出更高附加值的生态产品，相互支撑、循环往复，进而构建起高质量绿色发展的现代化生态经济体系。

3.4 生态产品第四产业理论基础

3.4.1 生态产品价值实现的背景历程

2012年，《关于印发全国主体功能区规划的通知》首次提出"生态产品"概念。2015年，《生态文明体制改革总体方案》提出，树立自然价值和自然资本理念，自然生态是有价值的。2017年，党的十九大报告提出，要提供更多优质生态产品以满足人民日益增长的优美生态环境的需要。2018年全国生态环境保护大会提出，良好生态环境是最公平的公共产品，是最普惠的民生福祉。2019年，《关于支持浙江丽水开展生态产品价值实现机制试点的意见》，标志地方开始了生态产品价值实现的实践探索。2021年，中共中央办公厅、国务院办公厅印发了《关于建立健全生态产品价值实现机制的意见》，提出了建立健全生态产品价值实现机制。2022年，党的二十大报告进一步要求，要建立生态产品价值实现机制。2023年生态环境保护大会要求加快生态产品价值实现，拓宽"绿水青山"转化"金山银山"的路径。2024年，《中共中央　国务院关于全面推进美丽中国建设的意见》在健全美丽中国建设保障体系中明确提出，强化激励政策，健全生态产品价值实现机制，推进生态环境导向的开发模式和投融资模式创新。

3.4.2　生态产品第四产业体系理论基础

3.4.2.1　生态产品第四产业理念内涵

生态产品第四产业主要是指生态经济化或生态产业化这个过程，以生态资源为核心要素，以生态产品价值实现为目标，表现为生态产品保护、生产、开发、经营、交易等经济活动。

3.4.2.2　生态产品第四产业特征与范围

生态产品第四产业与传统第一、第二、第三产业在服务对象、创造价值、主导生产要素等方面具有本质区别。这些不同或者特征变现在产业目标、价值观、生产过程、满足需求、生产要素、生物圈影响和服务对象等方面。从生态产品的生产、分配、交换、消费等维度梳理生态产品第四产业范围，主要包含生态产品生产、生态反哺（分配）、生态产品开发服务、生态产品交易服务4大类。

3.4.2.3　生态产品第四产业发展机制

生态产品第四产业发展评估指标体系以生态产品总值核算为核心进行构建，包括"总量+变化+结构+实现+关联"5大类评估指标体系。生态产品第四产业的形成和发展主要包括生态资源调查、生态系统生态生产、生态资源资产化、生态资产资本化、生态资本经营、生态建设反哺六个环节，生态资源、初级生态产品、生态资产、生态资本、终端生态产品、生态现金流六个载体，以及自然生态系统、政府、社会公众、生态产品市场经营开发商、生态环境综合服务商、绿色金融机构、生态产品交易平台、产业支撑服务企事业单位八个参与主体。生态产品第四产业的模式是指产业各参与者基于各类资源要素进行优化组合，开展生态产品生产等活动而形成的一系列具有一般性、可操作性的做法，主要有生态产品生产经营开发、生态产品交易、生态产品开发服务、生态资本增值四类模式。

第4章

国内外生态产品价值研究综述

生态产品及其第四产业的相关研究尚处于初期阶段，缺乏统一的研究框架。当前，国内外关于生态产品的研究多集中于概念内涵、分类体系、核算评估、供给消费、价值实现等方面，也有研究从增加优质生态产品供给方面进行阐述。

4.1 国外研究实践

4.1.1 生态补偿机制

国外不仅有以财政转移支付为主的区域生态补偿，也有通过市场工具等多样化渠道筹集资金进行的生态补偿。

一是由政府提供补偿金进行生态补偿。如巴西以自然保护区面积为主要指标作为财政转移支付的依据。美国政府为了加大流域上游地区居民对水土保持工作的积极性，制定了经济补偿政策，即由流域下游受益区的政府和居民向上游地区提供货币补偿。德国政府规定了生态农业方面的补贴政策，对符合补助规定的土地按照每年每公顷450马克❶的标准进行补助。

二是发挥市场机制作用进行生态补偿。哥斯达黎加通过完善生态补偿相关法律政策体系，由政府主导实施，并运用市场运作手段，成功地建立起生态补偿的市场机制。法国毕雷（Perrier）矿泉水公司为保护水质购买了当地水资源的生态补偿，通过对上游的农牧从业者支付费用，并承担农业设备费用，促使生态产品的提供者——农民减少农业面源污染和奶牛养殖，改善河流水质，为矿泉水公司提供优质水源。纽约市在建立新的过滤净化设施与保护上游卡茨基尔河生态花费的权衡下，最终选择投资购买上游卡茨基尔河流域的生态环境服务，通过对水用户征收附加税、发行纽约市公债及信托基金等方式筹集补偿资金，补贴上游地区的环境保护主体。

4.1.2 生态系统服务价值核算

国外关于生态系统服务价值评估的研究较早、涉及范围较广。自1981年美国生态学家保罗·埃利希（Paul Ehrlich）首次提出"生态系统服务"概念后，生态系统服务的研究逐步兴起。1997年，国际著名生态学家格雷琴·戴利（Gretchen Cara Daily）系统阐述了生态系统服务功能的定义、内容以及评估方法。同年，国际著名生态经济学家、全球生态系统服务价值概念创始人康世坦（Robert Costanza）等将生态

---

❶ 原德国货币单位，后被欧元取代。450马克≈5 567元。

系统服务分为17大类，利用价值当量法量化了全球生态系统服务的价值，得出全球生态系统服务的年度平均价值为33万亿美元，相当于全球国民生产总值的1.8倍。2003年，联合国新千年生态系统服务评估❶提出将生态系统服务分为支持服务、供给服务、调节服务和文化服务四大类，进一步分析了全球和区域尺度的生态系统服务功能。

对于单个生态系统价值的研究，最早开始于森林生态系统。1995年，Adger等人从森林生态服务功能的直接价值、间接价值、存在价值和选择价值对墨西哥森林服务功能进行了评价，得出的总价值为40亿美元。2000年，日本林野厅对森林的水源涵养、保育土壤等六大类价值进行了评价。2001年和2002年，Kreuter和Konarska运用卫星遥感技术，对美国得克萨斯州附近的三个主要流域进行生态服务功能评估。2008年，Costanza等人评估了美国海岸带湿地在飓风防护中的价值。

4.1.3　生态资源产业化

依托优势生态资源，将其转为经济发展的动力也是国内外生态产品价值实现的一种重要途径。瑞典充分依托当地丰富的水资源开发水电，推行"绿色水电"认证制度，将"绿色水电"作为处理河流生态和水电生产关系的起点，把整个国家建设成欧洲电网调峰的"蓄电池"，其水电在电力结构中的比重高达90%，被誉为"水电王国"。同时，瑞士依托丰富的森林资源发展可持续性的林业经营模式，按照《森林法》总纲和森林经理计划，保证每年的采伐量低于生长量，采伐后必须及时更新，使森林永续生产，成为欧洲最大的木材生产基地，是世

---

❶ 千年生态系统服务评估是2001年世界环境日之际由世界卫生组织、联合国环境规划署和世界银行机构组织开展的国际合作项目，是首次对全球生态系统进行的多层次综合评估。

界木浆、纸张及锯材的主要出口国，产值占全国工业总产值的25%。德国为了保护从事生态农业农户的利益，建立了当地独有的"自然产品"销售系统，出售无化学污染食品的"自然食品"商店，其出售价格高于常规农业生产的农产品售价的1/3~1倍，有效提高了生态产品附加值。

4.1.4 生态银行

生态银行也是生态产品价值实现的一项重要金融手段，它是一种政府监管驱动下的市场，通过搭建生态权属交易平台，由银行主办者和开发者开展交易，把生态产品转化为经济产品融入市场。目前，国际上具有代表性的生态银行主要有湿地缓解银行、森林银行（碳汇交易）、土壤银行（土地保护性储备计划）、水银行（水权交易）等。

美国湿地缓解银行通过恢复、保护现有湿地或新建湿地产生湿地信用，再以市场化手段将湿地信用出售给对湿地造成损害的开发者，实现了湿地资源的"零净损失"。湿地缓解银行在实现美国湿地保护政策目标方面发挥了重要作用，成为湿地保护的一项制度创新。相比1975年，2009年美国湿地年损失面积降低了96.99%，湿地面积基本实现了动态平衡。

4.2 国内研究实践

4.2.1 生态产品价值实现机制试点

当前，浙江、江西、贵州、青海、福建、海南六个省和浙江丽水、江西抚州两个市先后开展了国家生态产品价值实现机制试点。广东、山东、四川等省份也正在积极推进省级生态产品价值实现机制试点工作。

2016年8月，中共中央办公厅、国务院办公厅印发《国家生态文明试验区（福建）实施方案》，在福建省率先提出了生态产品价值实现先行区的建设目标。作为全国首个国家生态文明试验区，福建省先后在生态产品市场化改革、生态产品价值核算、全流域生态补偿、绿色金融等领域探索了一系列经验做法，集体林权制度改革、"福林贷"、生态银行等多项改革试点经验经国务院同意在全国推广。

2019年1月，浙江省丽水市成为全国首个生态产品价值实现机制试点市，构建了政府、企业、个人等多种主体积极推进生态产品价值实现的内生动力，取得了明显的试点成效。创新出台了全国首个山区市生态产品价值核算技术办法，构建了村—乡—县—市全覆盖的全域评估体系；创新培育"两山公司"市场主体，组建"两山银行"交易平台，成功打造出"丽水山耕""丽水山景""丽水山居"等区域公用品牌；构建了上下游生态补偿、异地开发补偿和飞地、互飞机制，不断拓宽生态补偿机制的范围。

2021年10月，国务院新闻办公室发表的《中国的生物多样性保护》白皮书指出，在三江源国家公园开展生态产品价值实现机制试点。三江源国家公园在保障生态产品供给能力基础上，探索实践了以中央生态补偿和转移支付为主，发展合作社和特许经营高端畜牧业和生态体验为辅的生态产品价值实现路径。

此外，浙江省衢州市以生态占用补偿为导向开展"生态账户"市场化机制改革试点。福建省龙岩市武平县印发实施《武平县建立健全生态产品价值实现机制试点方案》。赣州市崇义县、全南县获评省级生态产品价值实现机制试点，崇义县获评全省经济生态生产总值（Gross Economic-Ecological Product, GEEP）核算试点县。

4.2.2 "绿水青山就是金山银山"实践创新基地

自2017年以来，生态环境部共命名了187个"绿水青山就是金山银山"实践创新基地，培育了一批可复制、可推广的实践探索示范样板。各地依托"绿水青山就是金山银山"实践创新基地建设，在夯实"绿水青山"本底、推动"绿水青山就是金山银山"转化路径、建立长效保障机制等方面取得积极进展，探索形成了"守绿换金""添绿增金""点绿成金""绿色资本"4种转化路径和生态修复、生态农业、生态旅游、生态工业、"生态+"复合产业、生态市场、生态金融、生态补偿等8种实践模式，涵盖了山区、平原、林区、海岛等不同资源禀赋，东、中、西不同区位条件，生态涵养、现代农业、全域旅游、科技创新等不同发展定位的示范样板，为建立健全生态产品价值实现机制提供了丰富多样的参考样本。

基地是践行"绿水青山就是金山银山"理念，推进绿色发展、建设美丽中国的重要平台，是探索生态产品价值实现机制的重要载体，旨在鼓励各地依托自身生态资源优势，聚焦乡镇、村、小流域等基本单元，围绕增强优质生态产品供给、探索"绿水青山就是金山银山"转化路径、建立健全生态产品价值实现机制、推动生态惠民富民等方面，创新探索"绿水青山就是金山银山"的制度实践和行动实践，总结推广典型经验模式。各"基地"积极开展实践探索，在生态保护修复与生态产品供给、经济转型绿色发展、创新长效保障制度等方面取得了明显进展和显著成效。一是生态环境质量持续改善,生态系统服务功能和优质生态产品供给能力显著提升,筑牢了"绿水青山就是金山银山"转化的生态根基。二是围绕自身环境特点和生态资源优势,因地制宜打通了"绿水青山就是金山银山"的转化路径,转化成效显著,绿色发展水平明显提升。三是积极探索生态产品价值实现机制,建立了具有一定创新性的制度体系,有力保障了"绿水青山就是金山银山"的长效转化。

4.2.3 生态产品价值实现典型案例

从2020年4月开始,自然资源部推进生态产品价值实现模式和机制的探索、总结与凝练,发挥典型示范作用和指导意义,先后公布了三批共27个生态产品价值实现典型案例。

4.2.3.1 生态权属交易典型案例

重庆市通过设置森林覆盖率这一约束性考核指标,创设了森林覆盖率达标地区和不达标地区之间的交易需求,搭建了生态产品直接交易的平台。此外,重庆市以地票制度为核心,将地票的复垦类型从单一的耕地,拓宽到林地、草地等类型,建立了市场化的"退建还耕还林还草"机制,实现了统筹城乡发展、推动生态修复、增加生态产品、促进价值实现等多重效益。

福建省三明市通过集体林权制度改革明晰了林权,探索开展"林票"制度改革,引导林权有序流转、合作经营和规模化管理,破解了林权碎片化问题,提高了生态产品供给能力和整体价值。同时,借助国际核证碳减排、福建碳排放权交易试点等管控规则和自愿减排市场,探索开展了林业碳汇产品交易。

4.2.3.2 生态产业开发典型案例

河南省淅川县结合矿山地质环境生态修复、全域土地综合整治、石漠化治理等措施，确立了"短中长"绿色产业发展梯次：在短线产业上重点扶持短期见效快的产业，在中线产业上着重发展高效林果业，在长线产业上谋划发展全域旅游，努力把生态优势转化为产业优势，2019年实现了全县脱贫摘帽，走出了一条生态保护、经济发展、群众脱贫的"多赢"发展之路。

苏州市金庭镇依托丰富的自然资源和深厚的历史文化底蕴，建立"生态农文旅"模式，重点围绕洞庭山碧螺春、青种枇杷、水晶石榴等特色农产品，打造金庭镇特色"农品名片"；挖掘明月湾、东村、堂里等历史名村文化底蕴，从传统餐饮住宿向农业文化体验活动拓展，通过游客的"进入式消费"实现生态产品的增值溢价。

宁夏回族自治区银川市贺兰县在土地整治、改良盐渍化土壤的基础上，开发了集农业种植、渔业养殖、产品初加工、生态旅游于一体的生态"农工旅"项目，完成了从传统种植到稻、鱼、蟹、鸭立体种养，再到产业融合发展的转型，获得了耕地保护、生态改善、产业提质、农民增收等多重效益。

4.2.3.3 生态修复及价值提升典型案例

山东省威海市将生态修复、产业发展与生态产品价值实现"一体规划、一体实施、一体见效"，明晰修复区域产权，引入社会主体投资，持续开展矿坑生态修复和后续产业建设，把矿坑废墟转变为生态良好的5A级华夏城景区，带动了周边区域发展和资源溢价，实现了生态、经济、社会等综合效益。

江苏省徐州市贾汪区潘安湖采煤塌陷区推进采煤塌陷区生态修复，

将千疮百孔的塌陷区建设成湖阔景美的国家湿地公园，为徐州市及周边区域提供了优质的生态产品，并带动区域产业转型升级与乡村振兴，维护了土地所有者权益，显化了生态产品的价值。

广东省汕头市南澳县坚持生态立岛，积极推进"蓝色海湾"等海洋生态保护修复，实施海岛农村人居环境整治，提升了海洋生态产品生产能力；依托丰富的海域海岛自然资源和良好的生态环境，发展海岛旅游等产业，促进了当地发展和群众增收。

4.2.3.4 生态保护补偿典型案例

杭州市余杭区青山村探索采用水基金模式进行水源地生态保护及补偿，通过建立水基金信托开展农业生产，对村民转变生产生活方式所形成的损失进行生态补偿，引导多方参与水源地保护并分享收益，建立了公益组织、政府、企业及村民、社会公众等共同参与的可持续生态保护补偿机制。

湖北省鄂州市探索生态价值核算方法，统一计量自然生态系统提供的各类服务和贡献，并将结果运用于各区之间的生态补偿，明确将水流、森林、湿地、耕地、大气作为生态补偿的五大重点领域，构建起市域内生态保护者与受益者良性互动的多元化补偿机制。

第5章

生态产品价值实现相关政策进展

自2010年首次对"生态产品"概念进行明确界定以来，我国在生态文明建设中对于生态产品价值实现的重视程度不断提升。从顶层制度、自然资源交易、乡村振兴、生态保护补偿和绿色金融等作为重点领域和内容，阐述了我国生态产品价值实现的相关政策进展。

5.1 顶层制度

2010年12月，《全国主体功能区规划》中首次提出"生态产品"概念。党的十八大报告提出"增强生态产品生产能力"的要求。2015年9月，《生态文明体制改革总体方案》提出"自然生态是有价值的"。2017年10月，党的十九大报告呼吁"提供更多优质生态产品以满足人民日益增长的优美生态环境需要"。同月，中共中央、国务院印发《关于完善主体功能区战略和制度的若干意见》，首次对生态产品价值实现工作提出了具体要求，提出要建立健全生态产品价值实现机制，挖掘生态产品市场价值；选择浙江、江西、贵州、青海等省份具备条件的地区，开展生态产品价值实现机制试点。2018年提出选择具备条件的地区开展生态产品价值实现机制试点，探索政府主导、企业和社会各界参与、市场化运作、可持续的生态产品价值实现路径。2020年提出要加快建立生态产品价值实现机制，让保护修复生态环境获得合理回报，让破坏生态环境付出相应代价。2021年4月，《关于建立健全生态产品价值实现机制的意见》从生态产品调查监测机制、价值评价机制、经营开发机制、保护补偿机制、价值实现保障机制、价值实现推进机制六个方面对推动生态产品价值实现进行全方位部署。党的二十大报告就推动绿色发展，促进人与自然和谐共生作出具体部署，要求建立生态产品价值实现机制。

中央一系列政策文件对我国生态产品价值实现提出了总体要求和根本遵循，探索生态产品价值实现已成为新时代生态文明建设亟须解决的重要议题。表5-1为生态产品价值实现的政策推进汇总。

表5-1 生态产品价值实现的政策推进

时间	文件名称	主要内容
2010年12月	《关于印发全国主体功能区规划的通知》	首次提出"生态产品"概念并对其进行定义界定，提出必须把提供生态产品作为发展的重要内容
2012年（党的十八大）	《中共十八大报告》	提出"增强生态产品生产能力"的重要任务
2015年9月	《生态文明体制改革总体方案》	树立自然价值和自然资本理念，自然生态是有价值的

续表

时间	文件名称	主要内容
2016年8月	《关于设立统一规范的国家生态文明试验区的意见》	《国家生态文明试验区（福建）实施方案》首次提出生态产品价值实现的概念，并将理念付诸实践
2017年（党的十九大）	《中共十九大报告》	将提供更多"优质生态产品"纳入民生范畴
2017年10月	《关于完善主体功能区战略和制度的若干意见》	首次对生态产品价值的实现工作提出了具体要求："要建立健全生态产品价值实现机制，挖掘生态产品市场价值""选择浙江、江西、贵州、青海等省份具备条件的地区，开展生态产品价值实现机制试点"
2019年1月	《关于支持浙江丽水开展生态产品价值实现机制试点的意见》	标志地市级开始了生态产品价值实现的实践探索
2019年6月	《关于建立以国家公园为主体的自然保护地体系的指导意见》	提升生态产品供给能力，为建设美丽中国、实现中华民族永续发展提供生态支撑
2021年4月	《关于建立健全生态产品价值实现机制的意见》	全面系统部署了生态产品价值实现相关工作，提出了生态产品价值实现六大措施
2022年（党的二十大）	《中共二十大报告》	提出"建立生态产品价值实现机制，完善生态保护补偿制度"

5.2 自然资源交易

自然资源大多以自然生态资源形式被人类直接应用，自然生态资源又以生态产品的形式被人类所接受。生态产品价值实现需要借助市场交易机制，使自然生态资源成为与土地、能源、水、矿产等同样重要的要素并进入生产流通，将分散的自然资源使用权或经营权进行集中流转和专业化运营，提升生态产品的生产能力。按照使用者付费的原则，社会主体须为消耗自然资源、破坏生态环境的行为"埋单"，进而形成林权、水权、草权等自然资源的使用权和经营权以及排污权、碳排放权、用能权等生态资源使用权的交易市场。

随着《中华人民共和国森林法》《中华人民共和国土地管理法》《中华人民共和国矿产资源法》《中华人民共和国水法》等各项自然资源单行法律条款的出台，各类生态资源的产权归属得到了进一步划分，生态资源资产逐步转化成市场配置的有偿化使用。2017年1月，国务院发布的《全国国土规划纲要（2016—2030年）》提出"全面实行自然资源资产有偿使用制度和生态保护补偿制度"。2019年4月，中共中央办公厅、国务院办公厅印发《关于统筹推进自然资源资产产权制度改革的指导意见》，针对自然资源资产底数不清、所有者不到位、权责不明晰等问题，做出了具体任务部署。2021年4月，中共中央办公厅、国务院办公厅印发《关于建立健全生态产品价值实现机制的意见》，文件再次强调要建立健全归属清晰、权责明确，监管有效的自然资源资产产权制度，丰富自然资源资产使用权类型，推动生态资源权益交易。表5-2和表5-3分别是自然资源资产和碳排放权、用能权、水权等政策推进汇总。

表5-2　自然资源资产政策推进

时间	文件名称	主要内容
2017年1月	《全国国土规划纲要（2016—2030年）》	要求全面实现自然资源资产有偿使用制度和生态保护补偿制度，将资源消耗、环境损害、生态效益纳入经济社会发展评价体系
2019年4月	《关于统筹推进自然资源资产产权制度改革的指导意见》	提出了"建立归属清晰、权责明确、保护严格、流转顺畅、监管有效的自然资源资产产权制度"的要求
2021年4月	《关于建立健全生态产品价值实现机制的意见》	鼓励积极推动生态资源权益交易，丰富自然资源资产使用权类型

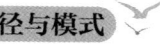

表5-3 碳排放权、用能权、水权等政策推进

时间	文件名称	主要内容
2005年1月	《水权制度建设框架》《水利部关于水权转让的若干意见》	建立了开展水权制度建设的指导性文件，进一步规范了水权转让的范围、年限和监督管理
2011年10月	《关于开展碳排放权交易试点工作的通知》	在北京市、天津市、上海市、重庆市、湖北省、广东省及深圳市开展碳排放权交易试点
2014年6月	《关于开展水权试点工作的通知》	提出在宁夏、江西、湖北、内蒙古自治区、河南、甘肃和广东7个省（区）开展水权试点
2014年12月	《碳排放权交易管理暂行办法》	规范了碳排放权交易市场的建设、管理、监督和运行工作
2015年9月	《生态文明体制改革总体方案》	强调逐步建立全国碳排放总量控制制度和分解落实机制，建立增加森林、草原、湿地、海洋碳汇的有效机制
2016年1月	《关于切实做好全国碳排放权交易市场启动重点工作的通知》	正式开启了全国碳排放权交易市场第一阶段，对碳排放核算、报告与核查工作作出了规定
2016年4月	《水权交易管理暂行办法》	规范了水权交易的范围和类型、交易主体和期限、交易价格形成机制、交易平台运作规则等
2016年7月	《关于开展用能权有偿使用和交易试点工作的函》	在浙江省、福建省、河南省、四川省开展用能权有偿使用和交易试点
2016年11月	《关于完善集体林权制度的意见》	要求积极稳妥流转集体林权，鼓励和引导农户采取转包、出租、入股等方式流转林地经营权和林木所有权
2017年7月	《关于加快培育新型林业经营主体的指导意见》	鼓励发展林地林木股份合作社，建立"林地变股权、林农当股东、收益有分红"的股份合作运行机制
2017年12月	《全国碳排放权交易市场建设方案（发电行业）》	要求建设全国统一的碳排放权交易市场，上海牵头承担全国碳排放权交易系统建设和运维任务
2018年6月	《中共中央国务院关于打赢脱贫攻坚战三年行动的指导意见》	鼓励纳入碳排放权交易市场的重点排放单位购买贫困地区林业碳汇
2018年12月	《建立市场化、多元化生态保护补偿机制行动计划》	建立健全以国家温室气体自愿减排交易机制为基础的碳排放权抵消机制，将具有生态、社会等多种效益的林业温室气体自愿减排项目优先纳入全国碳排放权交易市场

续表

时间	文件名称	主要内容
2021年12月	《碳排放权交易管理办法（试行）》	全面指导全国碳市场建设工作，对全国碳市场进行交易的各项准备工作作出部署
2022年8月	《关于推进用水权改革的指导意见》	强调要推进用水权市场化交易，加快建立归属清晰、权责明确、流转顺畅、监管有效的用水权制度体系

5.3 乡村振兴

进入新时代，乡村振兴和生态文明建设两大战略的提出要求构建"绿水青山"向"金山银山"转化体系，唤醒经济落后地区因不被定价而长期沉淀的自然资源资产。生态产品价值实现是激发贫困山区内生增长新动力、促进乡村振兴发展的重要路径。一是有利于大力发展生态特色农业和绿色精品农业，延长粤北山区农业产品链、提升价值链；二是能够依托自然人文资源禀赋，推动旅游、文化产业融合发展；三是有利于构建生态产业体系，引进"生态+康养""生态+医药"等新业态、新模式，加强与粤港澳大湾区乡村特色产业共建。

2018年中央一号文件《中共中央 国务院关于实施乡村振兴战略的意见》和《乡村振兴战略规划（2018—2022年）》相继发布，对乡村振兴的总体要求、指导原则、目标任务等作出明确规定。党的十九届五中全会提出，坚持把解决好"三农"问题作为全党工作重中之重，举全党全社会之力加快农业农村现代化。2020年，《全国乡村产业发展规划（2020—2025年）》中首次对乡村产业发展作出全面规划，提出"支持现代农业产业园、农业产业强镇、优势特色产业集群及农产品仓储保鲜冷链设施建设，鼓励地方发行专项债券用于乡村产业"。2021年中央一号文件《中共中央 国务院关于全面推进乡村振兴加快农业农村现代化的意见》发布，全面推进乡村振兴，加快农业农村现代化建设，让广大农民过上更加美好的生活。2022年1月，《中共中央 国务院关于做好2022年全面推进乡村振兴重点工作的意见》公布，充分认可了生态产品价值实现对全面推进乡村振兴的实践意义，指出要持续推进农村第一、第二、第三产业融合发展、大力发展县域富民产业，促进乡村振兴发展。2023年中央一号文件公布，提出要"推动乡村产业高质量发展、拓宽农民增收致富渠道"，并就农产品精深加工、乡村休闲旅游、"一县一业"强县富民工程、土地资源流转等工作提出要求。表5-4为乡村振兴政策推进汇总。

表5-4 乡村振兴政策推进

时间	文件名称	主要内容
2018年2月	《中共中央 国务院关于实施乡村振兴战略的意见》	强调将乡村生态优势转化为发展生态经济的优势，提供更多更好的绿色生态产品和服务，促进生态和经济良性循环
2018年6月	《乡村振兴战略规划（2018—2022年）》	对实施乡村振兴战略的第一个5年工作提出了总体要求，加快农业现代化步伐，发展壮大乡村产业等方面作出了具体部署
2019年6月	《国务院关于促进乡村产业振兴的指导意见》	提出要围绕农村一、二、三产业融合发展，充分挖掘乡村多种功能和价值，延长产业链、提升价值链
2020年6月	《关于以生态振兴巩固脱贫攻坚成果 进一步推进乡村振兴的指导意见（2020—2022年）》	指出要挖掘农村生态资源优势，以产业生态化和生态产业化为重点促进产业兴旺
2020年7月	《全国乡村产业发展规划（2020—2025年）》	首次对乡村产业发展作出全面规划，提出要加快发展乡村产业，为农业农村现代化和乡村全面振兴奠定坚实基础
2020年10月	《中共中央关于制定国民经济和社会发展第十四个五年规划和二〇三五年远景目标的建议》	对新发展阶段优先发展农业农村、全面推进乡村振兴作出总体部署
2021年2月	《中共中央 国务院关于全面推进乡村振兴加快农业农村现代化的意见》	指出要强化农业农村优先发展投入保障，中央预算内投资进一步向农业农村倾斜

续表

时间	文件名称	主要内容
2021年11月	《农业农村部关于拓展农业多种功能 促进乡村产业高质量发展的指导意见》	再次强调了产业振兴是乡村振兴的重中之重，要求"拓展农业多种功能，促进乡村产业高质量发展"
2022年2月	《中共中央 国务院关于做好2022年全面推进乡村振兴重点工作的意见》	指出要推进现代农业产业园建设，培育优势特色产业集群。推进农业农村绿色发展，探索建立碳汇产品价值实现机制
2022年4月	《关于推动文化产业赋能乡村振兴的意见》	指出要丰富农村文化业态，有效保护和利用乡村人文资源和自然资源，促进乡村一、二、三产业有机融合
2023年1月	《中共中央 国务院关于做好2023年全面推进乡村振兴重点工作的意见》	提出要推动乡村产业高质量发展，做大做强农产品加工流通业，积极培育乡村新产业、新业态，壮大县域富民产业

5.4 生态保护补偿

生态保护补偿是公共性生态产品最基础、最普遍的价值实现手段，通过政府购买方式给予补偿，使生态产品供给地区获益。自2015年生态文明体制改革的八大政策制度提出之后，生态补偿政策加快健全完善。2016年5月，国务院办公厅《关于健全生态保护补偿机制的意见》，对生态补偿政策进行了全面部署，提出在森林、草原、湿地、荒漠、海洋、水流、耕地等重点领域和禁止开发区域、重点生态功能区等重要区域实现生态保护补偿全覆盖的总体目标。2018年12月，《建立市场化、多元化生态保护补偿机制行动计划》中开始强调要社会资本参与生态保护补偿，在过去以政府主导的生态补偿基础上积极探索市场化补偿手段。2021年9月，中共中央办公厅、国务院办公厅印发《关于深化生态保护补偿制度改革的意见》，对发挥市场机制作用、加快推进多元化补偿进行了专门规定，明确"通过市场化、多元化方式，促进生态保护者利益得到有效补偿"。

2011年,财政部制定了《国家重点生态功能区转移支付办法》,并进行了多次修订完善,持续开展着区域性生态补偿。近年来,重点生态功能区转移支付规模和范围逐年增加。2016—2022年,中央财政对重点生态功能区转移支付资金共计5 397.43亿元(图5-1)。

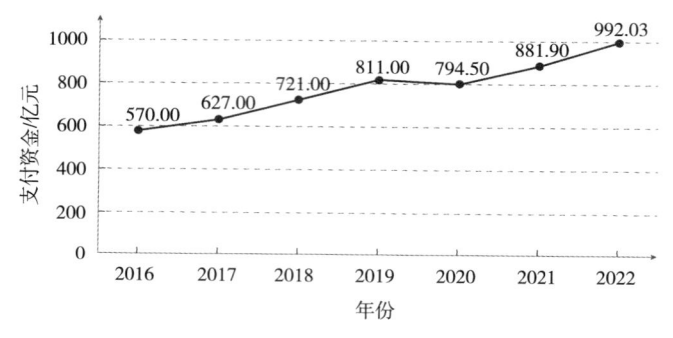

图5-1 2016—2022年重点生态功能区转移支付资金

森林生态补偿方面,2004年中央财政正式建立了森林生态效益补偿基金,并由财政部和国家林业局出台了《中央森林生态效益补偿基金管理办法》。近年来,森林补偿面积不断扩大,生态补偿标准也不断提高,2016年将国有国家级公益林补偿补助标准由最初的每年每亩[1]5元提高到8元,2017年进一步提高到10元。非国有国家级公益林补偿补助标准也由最初的每年每亩5元提高2019年的每年每亩16元。流域生态补偿方面,自2010年启动首个安徽浙江新安江流域补偿试点以来,全国已有13个流域(河段)探索开展跨省流域上下游横向生态保护补偿。同时,全国已有31个省(自治区、直辖市)开展省(自治区、直辖市)内流域生态补偿机制建设,其中,浙江、北京、山东、河北、

---

[1] 1亩 ≈ 666.667 m²。

广东、江西、湖北等14个省（市）实现了省（市）内流域生态补偿全覆盖。湿地生态补偿方面，财政部、国家林业局先后于2011年、2014年印发《中央财政湿地保护补助资金管理暂行办法》和《关于切实做好退耕还湿和湿地生态效益补偿试点等工作的通知》，为加强湿地保护和建立生态补偿制度奠定了政策基础。2016年印发的《关于印发湿地保护修复制度方案的通知》则进一步指出："探索建立湿地生态效益补偿制度，率先在国家级湿地自然保护区和国家重要湿地开展补偿试点"。2021年12月，《中华人民共和国湿地保护法》颁布，第三十六条明确国家要建立湿地生态保护补偿制度，加大对重要湿地所在地区的财政转移支付力度。表5-5为生态保护补偿政策推进汇总。

表5-5 生态保护补偿政策推进

时间	文件名称	主要内容
2015年9月	《生态文明体制改革总体方案》	生态保护补偿制度成为生态文明体制改革的八大政策制度之一，明确提出"构建反映市场供求和资源稀缺程度、体现自然价值和代际补偿的资源有偿使用和生态补偿制度"
2016年4月	《关于健全生态保护补偿机制的意见》	完善了生态保护补偿机制的顶层设计，提出"建立多元化生态保护补偿机制，以生态产品产出能力为基础，加快建立生态保护补偿标准体系"
2016年12月	《关于加快建立流域上下游横向生态保护补偿机制的指导意见》	提出要从流域横向补偿入手，加快形成"成本共担、效益共享、合作共治"的流域保护和治理长效机制，使保护自然资源、提供良好生态产品的地区得到合理补偿
2018年12月	《建立市场化、多元化生态保护补偿机制行动计划》	旨在激发社会资本力量参与生态补偿，在以政府主导的生态补偿基础上积极推进市场化、多元化生态保护补偿机制建设
2021年3月	《中华人民共和国国民经济和社会发展第十四个五年规划和2035年远景目标纲要》	提出健全生态保护补偿机制，完善国家重点生态功能区转移支付制度，完善市场化、多元化生态补偿
2021年5月	《关于深化生态保护补偿制度改革的意见》	从完善分类补偿制度、健全综合补偿制度、发挥市场机制作用等方面，明确了我国深化生态保护补偿制度改革的路线图和时间表

5.5 绿色金融

绿色金融是以绿色生态为核心的金融体系，是生态产品价值实现的重要支撑。目前，我国已基本建立了绿色信贷、绿色债券、绿色基金"三位一体"的绿色金融体系。绿色金融助力生态产品价值实现主要体现在两点：一是聚焦生态产业融合化发展促进生态产品价值实现，绿色金融可以解决生态环境的外部不经济性问题，激发市场主体的绿色创新活性，从而加快生态资源产业化进程；二是通过推进生态环境保护与治理工作改善生态产品的供给，主要体现在创新EOD模式，以社会资本和技术支撑为自然生态治理提供保障，从而提供优质的生态产品。

2015年发布的《生态文明体制改革总体方案》，首次提出了建立绿色金融体系。2016年8月，中国人民银行、财政部等七部委联合印发《关于构建绿色金融体系的指导意见》，明确了我国绿色金融的定义、激励机制、发展方向和风险监控措施等，建立了我国绿色金融顶层框架体系。2017年6月，国务院决定在浙江、广东、新疆、贵州和江西五省（区）设立绿色金融改革创新试验区，加大金融对改善生态环境、资源节约高效利用等的支持，推动绿色金融的区域探索。2020年9月，《关于扩大战略性新兴产业投资培育壮大新增长点增长极的指导意见》文件提出探索开展生态环境导向的开发（EOD）模式等环境治理模式，为绿色环保项目的市场化开发提供了创新思路。2021年5月，生态环境部、国家发展改革委等八部门联合印发《关于加强自由贸易试验区生态环境保护推动高质量发展的指导意见》，提出要以绿色金融手段支持和健全生态产品价值实现机制，鼓励支持绿色债券、绿色股权投融资业务（表5-6）。

表 5-6 绿色金融政策推进

时间	文件名称	主要内容
2015年9月	《生态文明体制改革总体方案》	首次提出绿色金融体系战略
2015年12月	《绿色债券发行指引》	提出要建立绿色担保基金，鼓励社会生态公益基金参与生态产品交易，做好生态产品开发权和收益权抵押，推动建立生态产品交易中心
2016年8月	《关于构建绿色金融体系的指导意见》	首次提出了建立国家级的绿色发展基金；提出了贴息、担保、再贷款、宏观审慎评估、简化审批、PPP等绿色金融激励措施
2016年9月	《关于培育环境治理和生态保护市场主体的意见》	提出要提高绿色供给能力，鼓励企业发行绿色债券，鼓励社会资本设立各类环境治理和生态保护产业基金
2017年3月	《中国证监会关于支持绿色债券发展的指导意见》	要求绿色公司债券资金需投向绿色产业项目，鼓励市场投资机构开发绿色金融产品，引导社会资本参与绿色产业项目建设
2017年5月	《关于印发〈"一带一路"生态环境保护合作规划〉的通知》	指出要通过现有国家多边合作机构对"一带一路"绿色项目积极支持
2019年3月	《绿色产业指导目录（2019年版）》	明确了绿色产业的定义和分类，提出了绿色产业发展的重点
2020年9月	《关于扩大战略性新兴产业投资培育壮大新增长点增长极的指导意见》	指出"探索开展生态环境导向的开发（EOD）模式等环境治理模式创新"，为绿色环保项目的市场化开发提供了新思路
2021年2月	《国务院关于加快建立健全绿色低碳循环发展经济体系的指导意见》	提出要大力发展绿色金融和绿色交易市场机制，完善绿色标准，确保双碳目标实现
2021年4月	《绿色债券支持项目目录（2021年版）》	对绿色产业进行了明确界定，进一步规范国内绿色债券市场，引导更多资金支持绿色产业和绿色项目
2021年5月	《关于加强自由贸易试验区生态环境保护 推动高质量发展的指导意见》	强调要鼓励探索绿色债券、绿色股权投融资业务，通过绿色金融手段支持和健全生态产品价值实现机制

第6章

粤北山区生态产品价值实现路径的建议

我国生态产品价值实现工作虽然取得了明显成效,但这是一项复杂的系统工程,很难毕其功于一役。在政策落地落实上仍然面临一些问题,生态产品"度量难、变现难、交易难、抵押难"等问题尚未得到实质破解。

6.1 建立生态产品价值评价体系,破解"度量难"

针对生态产品价值实现不同路径,在建立核算体系、制定核算规范、推动核算结果应用等方面加大创新,有效破解"度量难"问题。

6.1.1 制定生态产品价值核算标准

摸清土地、森林、矿产、湿地、水资源等重要自然资源的数量分布、质量等级、功能特点、权益归属、保护和开发利用等情况，建立生态产品目录清单。探索南岭生态资产核算方法，逐步构建粤北山区生态系统生产总值（Gross Ecosystem Product, GEP）核算指标体系、技术规范和核算流程。考虑不同类型生态系统功能属性，体现生态产品数量和质量，加快建立生态产品价值统计报表制度和工作体系。

6.1.2 建立生态产品价值核算结果应用机制

推进生态产品价值核算结果在政府决策、绩效考核评价等方面的应用，推动生态产品价值核算结果纳入生态文明建设目标评价考核和领导干部自然资源资产离任审计。建立生态产品价值核算结果的应用机制，将生态系统价值总量及其变化、生态产品价值实现率等核算结果作为经营开发融资、生态环境损害赔偿、国土空间规划管控等的重要参考。推动建立生态环境领域财政转移支付额度、生态保护补偿额度与生态产品价值核算结果挂钩机制。探索建立碳排放权、用能权等环境权益初始配额与生态产品价值挂钩机制，建立健全基于生态产品价值核算的自然资源分等定级和价格评估制度。

6.2 培育生态产品开发经营体系，破解"变现难"

着力在健全保护补偿机制、完善损害赔偿制度、建立考核机制等方面深化研究，有效解决"变现难"问题。

6.2.1 拓展生态产品价值实现模式

我国各类生态资产权益交易处于从试点和前期建设阶段转向深化推

进的时期，实施路径仍不完善，还处于探索阶段，拓展生态产品价值实现模式可以在探索阶段增加更多可能性。

6.2.1.1 提升生态农业发展水平

坚持质量兴农、科技兴农、品牌兴农，以农业供给侧结构性改革为主线，健全现代农业产业体系、生产体系、经营体系，完善"三位一体"高质量精细农业新体系。发展壮大现代特色农业，推动农村第一、第二、第三产业融合发展，推动农业由增产向提质转变。

高标准建设现代农业产业园。以农业产业高质量发展为目标，提标建设国家级、省级现代农业产业园，着力打造一批农业新品种、新装备、新技术、新业态等综合集成展示基地，推进"一县一园、一镇一业、一村一品"，培育产业生产基地和农业龙头企业，建立完善产业标准体系，逐步形成国家级、省级、市级现代农业产业园梯次发展格局，促进区域农业优势要素集聚发展。

擦亮优质生态农产品金字招牌。依托粤北山地及小气候资源优势，重点发展生态绿色农产品、林下经济、药材种植、畜禽生态养殖、养生休闲旅游，开发具有粤北山区特色的名特优新产品。形成"精、优、特、绿"岭南优势产业廊带，大力开展农业全产业链建设，实施农产品加工业"三个一批"培育工程，引导农产品精深加工向优势区域和关键物流节点集中，着力打造"双区"的"米袋子""菜篮子""果盘子""茶罐子"。构建追溯标准体系，开展农产品质量安全监管、监测、执法和追溯业务应用，持续推进"三品一标"等农产品品牌建设，增强"粤字号"农业区域品牌影响力。

实施农业科技强芯工程。强化农业科技支撑，大力支持育种产业创新发展，积极培育种业加工业，重点建设种养、生产加工和育种育苗基地及科技创新、仓储物流、交易平台等"三基地三平台"。深入推进"互联网+农业",推动5G、遥感和物联网等技术在农业农村领域应用,推广精准化作业,建设智慧农(牧)场。完善农业科技特派员制度,加快农业科技人才建设。

6.2.1.2 构建高质量生态产业

推动产业发展绿色转型。大力推动产业生态化、生态产业化,以资源环境承载力为先决条件,防止污染转移和过度开发。在绿色低碳产业发展模式上,推进经济结构战略性调整和发展方式战略性转变,大力发展新能源、互联网、生物、新材料、文化创意、信息技术、节能环保等新兴产业,促进科技支撑产业转型升级。严格环境准入标准、排放标准,提高产业准入门槛,开展清洁生产、推进传统产业空间聚集,促进传统产业改造升级和绿色化。着重发展环保设施社会化运营、环境咨询、环境监理、工程技术设计、认证评估等环境服务业,将环境服务业作为未来环保产业发展的主要领域和发展重点,推进环保产业转型升级。

积极构建绿色产业链。加快构建绿色制造体系,强化全生命周期绿色管理。推行节能低碳产品、环境标志产品和有机产品认证、能效标识管理,建立统一的绿色产品体系,增强绿色供给。完善绿色采购制度,制定政府绿色采购产品目录,统筹推行绿色产品标识、认证。充分发挥链主企业和龙头企业牵头作用,组织推行绿色供应链环境管理试点。培育壮大节能环保产业、新能源产业,发展先进制造业、现代服务业,形成以高科技产业和现代服务业为主的绿色低碳产业体系,使资源、生产、消费等要素相匹配、相适应。推进资源全面节约和循环利用,进一步降低能耗、物耗。推动环保产业链上下游整合,大力发展环境服务综合体,形成以节能环保技术研发为核心的产业集聚带。

加强绿色产业技术创新。建立以企业为主体、市场为导向、产学研相结合的绿色产业技术创新体系,大力提高原始创新能力、集成创新能力和引进消化吸收再创新能力,提升绿色产业整体技术水平。根据企业自身发展条件,研发推广节能减排、绿色建筑、绿色能源、绿色交通、低碳发展、清洁生产、水资源保护、气候变化应对等方面的节能环保技术,集中力量突破互联网、生物、新能源、新材料、文化创意、新一代信息技术的关键共性技术,促进产业绿色转型和经济发展方式转变。

6.2.1.3　建设生态休闲旅游高地

积极构建全域旅游发展格局。以丹霞山风景名胜区、南岭国家森林公园、万绿湖风景区等主要景区为重点,统筹谋划粤北生态旅游资源,加强森林旅游重点品牌建设,着力打造粤北生态旅游圈。以环南岭生态旅游公路建设为重点,结合"万里碧道"建设,谋划建设一批全国一流、广东领先的北部生态旅游公路,积极打造特色文化品牌和精品旅游路线。

培育资源型生态旅游产业。实施"生态+文旅"战略,推进红色旅游、文化遗产旅游、主题公园等已有融合发展业态提质升级,大力发展研学旅游、展演旅游、康养旅游等新型文化旅游业态。深入挖掘南岭、客家、红色、生态等文化内涵,鼓励盘活废弃矿山、工业遗址、古旧村落等文化旅游价值,统筹发展生态旅游、红色旅游、乡村旅游以及户外运动、健康养生等幸福导向型产业,促进文化产业与旅游产业的融合发展。

打造旅游与康养融合发展模式。发挥生态资源禀赋优势,加快构建起医药制造、医疗服务、健康养老、健康管理、健康旅游、健康运动、健康农业(食品)等大健康全产业链,高品质培育康养旅游品牌,打造成为面向"双区"健康养生养老目的地,形成广东北部环形"绿色健康"示范带。探索"医疗+康养基地+龙头企业"的产业发展模式,打造广东大健康产业高地。扶持发展特色中医药健康服务业,加强特色中药在康养领域的技术研发与应用,促进中医药与健康养老、旅游文化等融合发展。

6.2.2 促进生态产品高附加值供给

打通生态产品销售渠道,构建生态产品品牌营销推广模式,制订区域生态产品价值实现营销方案。以品牌赋能生态产品溢价,加快推动形成以区域公用品牌、企业品牌、单体品牌为核心的生态产品品牌格局。积极对接生态产品价值实现综合运营平台,引导生态产品生产、加工、运输企业和营销企业、营销大户在各类电商平台开设"旗舰店"。支持成立生态产品品牌运营机构。鼓励各类生态产品所在产业园区、企业、合作社、个体工商户自建电子商务微平台进行产品信息发布和销售,促进有形市场与无形市场的有机结合。建立和规范生态产品认证评价标准,制定生态产品质量认证管理办法,培育第三方生态产品质量认证机构。

6.2.3 推进生态产品供需精准对接

积极举办对接会、展览会、交易会、洽谈会等各类形式的"产销对接"活动,组织开展生态产品线上交易、对接招商,促进生态产品供给方与需求方、资源方与资本方精准高效对接。积极引导本地龙头企业与大型综合交易市场建立供销对接机制。建立健全生态产品交易平台管理体系,发挥电子商务平台多资源、多渠道优势,丰富优质生态产品交易渠道和方式。

6.2.4 构建高质量生态产业合作平台

加快推进新区、开发区（高新区、产业园区）、特色小镇等"三大平台"建设，完善区域重大发展平台体系，深化珠三角地区与北部生态发展区全面对口帮扶，紧跟"双区"重大科技前沿部署，引导重大科技成果产业化项目布局粤北生态功能区。按照"产业链、创新链、服务链、人才链和资金链"五链融合的理念，充分借力"双区"资金、人才、创新等优势，建立健全特色小镇创新创业生态系统，培育形成区域经济新的增长极。创新区域协调发展机制和对口帮扶园区合作模式，推行多维合作"飞地经济"模式，鼓励实施"北部生态发展区基地＋湾区总部"等模式。

6.3 完善生态产品权益交易体系，破解"交易难"

围绕推进供需精准对接、拓展价值实现模式、促进价值增值、推动生态资源权益交易等方面加强探索，有效解决"交易难"问题。

6.3.1 建立多元化生态保护补偿机制

积极争取国家、省级财政对重点生态功能区的转移支付资金额度。综合考虑不同区域的资源禀赋和区位条件等发展要素，建立重点发展区向生态发展区和禁止开发区的财政转移制度。健全有利于自然保护区、主要水源涵养区、生态脆弱保护区等重要生态功能区生态补偿机制，推动建立乡镇间地表水断面生态补偿机制，建立健全生态公益林补偿标准动态调整机制和占补平衡机制。落实和完善生态环境损害赔偿制度，进一步明确生态环境损害赔偿范围、责任主体、索赔主体、损害赔偿解决途径，形成相应的鉴定评估管理和技术体系。对责任人占用的生态环境资源或已经造成的生态破坏，由责任人承担修复或赔偿责任，按照"谁修复，谁受益"的原则，通过赋予一定期限的自然资源资产使用权等产权安排，激励社会投资主体从事生态保护修复。

6.3.2 推动生态资源权益交易机制

积极探索政府主导、企业和社会各界参与、市场化运作、可持续的资源资产价值转化实现路径，以市场化手段有效盘活生态资源资产。探索完善碳排放权交易机制，积极争取将县域林业增汇纳入林业碳普惠试点项目，规范有序推进林业碳汇交易。建立健全化学需氧量、二氧化硫等污染物排污权有偿使用和交易机制，并逐步研究探索氮氧化物、重金属、挥发性有机污染物排污权等稀缺环境资源有偿使用途径。探索建立水权交易制度，结合水生态补偿机制，合理界定和分配水权，探索地区间、流域上下游、行业间、用水户间等的水权交易方式。

6.4 健全生态产品价值支撑体系，破解"抵押难"

探索引导金融机构开展绿色信贷，创新绿色金融，开辟绿色金融新领域，有效解决"抵押难"问题。

6.4.1 加大绿色金融支持力度

探索建立"生态银行"，贯穿生态产品交易资源收储、资产提质增效、产业资本导入三大环节，激发社会对生产生态产品和绿色产业的投资活力，打通"资源—资产—资本—资金"的转化渠道。创新绿色金融产品和服务，鼓励金融机构推出以土地经营权、林地经营权、林下经济预期收益权、生态补偿收益权、农副产品仓单等绿色信贷产品。通过设立风险补偿资金、生态担保基金、生态保险等方式，健全生态产品风险分担机制。探索"生态资产权益抵押+项目贷""公益林补偿收益权质押贷款"等多元化融资模式。支持依托山水林田湖草等自然资源和生态资源，探索以租赁、赎买、托管等多种运营形式为基础的融资模式，用于周边生态环境系统整治、生态资源修复及乡村休闲旅游开发等。

6.4.2 探索建立EOD模式下生态产品实现机制

生态环境导向开发模式（EOD）是通过生态环境治理与产业开发项目组合开发、统筹推进，将生态产品价值释放到生态农业、文旅康养等关联产业，实现产业增值溢价，以产业盈利反哺生态环境治理，是生态产品价值实现机制的重要组成部分。探索以EOD模式推动生态产品价值实现，鼓励社会资本进入生态建设领域，探索设立绿色产业发展基金、环境、社会和治理（ESG）股权投资基金，鼓励建立公益性生态保护基金。引导建立多元化资金投入机制，支持符合条件的企业、农民合作社、家庭农场、民营林场等经营主体参与投资生态建设项目。探索开展生态信用体系建设，建立生态信用行为与财政支持、行政审批、国有土地出让等挂钩的联合奖惩机制。依法依规探索规范用地供给，服务于生态产品可持续经营开发。

下篇

实践案例篇

第 7 章

生态产品开发模式实践——以韶关市始兴县为例

作为全省首批生态产品价值实现机制试点县，始兴县依托优越的自然本底条件，培育"生态+"复合产业融合发展的新业态、新模式，打造丰富多元、全产业链的生态产品区域公用品牌，不断延展"生态+"效益。

7.1 区域概况

7.1.1 区位概况

始兴县坐落于广东省韶关市东部，南岭山脉南麓，居北江上游、浈江中游地带。古人曾以"此地兴旺，周而复始"而命名始兴，自古著称为"古之福地"。境内山地丘陵交错，溪谷纵横，气候温和，雨量充沛。全县森林覆盖率达到77.70%，林地面积占县域总面积的82.40%，拥有被誉为"南岭明珠、物种宝库"和"世界生物圈保护区"的车八岭国家级自然保护区。

得益于得天独厚的地理和气候条件，始兴孕育出了众多丰盛优质的农副产品，素有"粤北粮仓"之称，是全国商品粮生产基地县、全国无公害蔬菜生产示范基地县、国家级蚕桑农业标准化示范区、中国枇杷之乡、中国石斛之乡和中国杨梅之乡。先后荣获"国家级生态示范区""中国最美小城""中国优秀生态旅游县""中国绿色名县""林业生态县"等称号。

7.1.2 自然资源

7.1.2.1 森林资源

始兴县境内森林资源丰富，林业指标均居全省前列。自2001年以来，陆续获得"中国绿色名县""全国林业生态建设先进县""全国森林资源和林政管理示范县""国家林业综合发展示范县""南岭山地森林生态及生物多样性功能区生态发展试点县"等称号。全县森林面积243.94万亩，森林覆盖率77.77%。活林木总蓄积量1 565.07万 m^3，乔木林单位面积蓄积量达到108m^3，远超全省平均水平，比全国平均水平高20%。

7.1.2.2 水土资源

始兴县水土资源丰富。境内四面环山，中间为平原盆地，素有"八山一水一分田"之称，山地丘陵占全县总面积的四分之三以上。中心城区一带是粤北最大的小平原，面积达10万亩。全县土地总面积2 131.94km^2，其中农用地占土地总面积的94.11%，是名副其实的农业县。山势从东北伸向西南，具有山势高峻、河流密布、沟谷幽深的地貌特征。县境山脉属南岭山脉的一部分，主要有北山、南山和东部山地。大部分山地海拔500~1 100m，具有山高、谷深、林密的特点。

始兴县境内河流密布，有大小河流220条，主要河流为浈江、墨江、澄江河、罗坝河、清化河、沈所河6条河流，集雨面积均在100km^{2}以上。全县河道总长1 140.03km，流域面积4 768.20km^2。县年均降雨量1 676.70mm，年均地表水资源量达到19.79亿m^3，年均地下水资源量为3.95亿m^3。人均水资源量为7 361m^3，远远高于全省人均水资源总量。

7.1.2.3 生态资源

始兴县生态环境优越，是广东省首个国家级生态示范区。2017年，始兴县被评为"广东省县级文明城市"；2018年，始兴县被列为全省首个森林城市创建试点县、"全国集体林业综合改革试验区"；2020年，始兴县成功创建全市首个"国家生态文明建设示范县"。全县现有国家级生态乡镇8个，省级生态乡镇9个，省级生态村（园）8个，市级生态示范村59个，生态示范创建工作中走在全省山区县的前列。

7.1.2.4 动植物资源

始兴县是第四批国家生态文明建设示范区，县域内动植物种类繁多。全县共有植物1 949种，以壳斗科、樟科、山茶科和杜英科等为主，优势种有"史前遗老"之誉的观光木。动物共有1 686种，国家重点保护野生动物77种，其中国家一级保护野生动物有华南虎、云豹、豹、金猫、穿山甲、小灵猫、黄腹角雉、海南鸦、黄胸鹀、金斑喙凤蝶等10种，国家二级保护野生动物有豹猫、斑林狸、貉、黑熊等67种。受地理条件和湿热气候影响，始兴县境内也拥有699种大型真菌，是菌类生长的适宜地。

7.1.2.5　旅游资源

始兴县境内拥有丰富的旅游资源，被评为"中国优秀生态旅游县""中国最具魅力自驾游目的地""全国森林旅游示范县"。2018年被评为全国十佳生态休闲旅游城市，成功入选"2018中国最美县域榜单"，2020年荣获"中国生态康养胜地""广东省全域旅游示范区"称号。始兴县境内拥有被誉为"南岭明珠、物种宝库"和"世界生物圈保护区"的车八岭国家级自然保护区，拥有全国重点文物保护单位满堂客家大围（4A级）、罗坝长围、广东省森林小镇深渡水瑶族乡、广东省文化和特色村满堂村、张九龄故居、开心农庄（3A级）、红梨村（3A级）、刘张家山温泉区等一批优质旅游资源。

7.1.3　社会经济

2021年始兴县地区生产总值98.16亿元，比2020年同比增长13.10%，增速高于全省、全市平均水平。第一、第二、第三产业结构为26.0∶33.4∶40.6。规模以上工业增加值为23.69亿元，增长37.90%，增速在全市排名第一。

现代农业独具特色。始兴县水土充沛，特色农副产品丰盛，是全国商品粮生产基地县、全国无公害蔬菜生产示范基地县、国家级蚕桑农业标准化示范区、国际型烤烟国家级农业标准化示范区、中国枇杷之乡、中国石斛之乡和中国杨梅之乡。2021年实现农林牧渔业总产值41.86亿元，同比增长8.40%，其中农业产值25.44亿元，同比增长7.80%。县内形成"优质蔬菜、优质烤烟、优质生态水果、优质蚕桑、生态循环养殖"等五大特色产业。

现代工业体系发达。始兴县工业经济实力不断增强，拥有电子信息、装备制造、办公文具、生物医药与健康等主导产业，是全省首个产业转移工业园及"第二批省级产业循环经济园"。2021年全年全部工业增加值比上年增长30.20%，规模以上工业增加值增长37.90%。先进制造业增加值比上年增长54.10%，占规模以上工业增加值的比重为67.00%。高技术制造业增加值比上年增长134.20%，占规模以上工业增加值的比重为39.40%。

第三产业发展壮大。2021年全县接待旅游人数27.36万人次，增长23.70%，旅游总收入2.76亿元，增长23.80%。始兴县2010年荣获"中国优秀生态旅游县"称号，2012年荣获"中国魅力文化生态旅游目的地"，2014年被评为"中国最具魅力自驾游目的地"，2017年被评为"全国森林旅游示范县"，入选"2018中国最美县域榜单"，2020年"岭南第一围"满堂围成功创建国家4A级旅游景区。除此之外，始兴大力发展商贸、金融等服务业，引进乐村淘电商平台，成立村级电商服务站18个，培育线上商贸企业7家，成功创建国家级电子商务进农村综合示范县，是广东省电商平台试点县。

7.2 生态产品价值实现探索实践

从延伸复合产业链条、创新机制和加强体制机制改革3方面进行介绍。

7.2.1 延伸"生态+"复合产业链条

7.2.1.1 生态有机农业激活乡村振兴新动能

始兴县立足资源禀赋，围绕培育农业主导产业，谋划实施"3个10万亩"现代农业产业带建设——粤港澳大湾区10万亩绿色有机菜篮子基地、浈江河谷10万亩杨梅枇杷特色水果产业带、环车八岭10万亩特色林下经济产业带，因地制宜推进优势特色农业发展，打造始兴特色生态农业品牌。全县现有粤港澳大湾区"菜篮子"生产基地9个、省级"菜篮子"基地12个；省级农业龙头企业10家、市级农业龙头企业21家、县级农业龙头企业43家，农民专业合作社341家，家庭农场524家。拥有"粤字号"农业产品38个、省名特优新农产品区域公用品牌5个、"三品"认证农产品21个，国家地理标志保护产品2个（清化粉、始兴石斛），全国名特优新农产品3个。成功创建杨梅省级现代农业产业园，创建省级"一镇一品、一村一业"专业镇5个、专业村27个。

（1）"聚产业"打造千亩连片产业示范基地

始兴县澄江镇围绕打造"有机农业小镇"的目标，以农业农村现代化发展为主线，大力发挥盛丰有机蔬菜、果香园猕猴桃、佰兴山茶油、柏宏百香果等农业龙头企业的产业集聚作用，成功打造了4个连片千亩以上现代农业产业基地。其中，以盛丰农业科技有限公司为龙头企业的有机蔬菜种植基地面积已扩建到1 600亩，年生产高端有机蔬菜2 000余吨，年产值超过4 000万元，是广东省最大的现代化有机蔬菜生产基地，被立项为"国家蔬菜标准示范项目"，荣获第一批粤港澳大湾区菜篮子基地。澄江镇先后获得全国"一村一品"示范村（暖田村）、省级"一村一品、一镇一业"蔬菜专业镇等荣誉称号，"一村一品"的特色产业初具规模。同时，澄江镇利用有机农业，谋划实施产业帮扶和"代种代养"扶贫项目，利用小额贷款和"资金托管"等方式，鼓励其下辖贫困村入股本地农业经营龙头企业，并按照投资额进行固定分红，促进居民持续增收。

（2）"精技术"优化栽培技术和种植模式

澄江镇铁寨村的千亩特色水果种植基地聚焦"精致农业"，将互联网、AI人工智能等现代化技术应用于农业生产全过程，安装植物专用限根器和滴灌水肥一体化设备，有效防止土壤养分流失，并根据全天候物候监测数据进行智能化高效灌溉施肥，实现了特色水果产业种植的精准化、管理数字化、决策智能化、生产高效化。

城南镇积极引导和协助龙头企业和农户选购配备经济、实用、能满足各类不同无公害蔬菜生长需求的农用机械和设备，并运用"科研实验—组织培训—实地指导"的产学研联合运行机制，将蔬菜高效栽培技术推广贯穿于蔬菜生产—贮藏—加工—上市的各个环节，助力"一镇一品"产业由粗放到现代的升级。

（3）"新业态"助推农业三产融合发展

马市镇是始兴县第一农业大镇，辖区内因荒地面积大，且多为极易引发森林火灾的茅草山。为了提高荒地利用效率，降低森林火灾风险，马市镇因地制宜发展"农光互补"产业，助推本地乡村产业兴旺发达。马市镇光伏发电项目一期、二期规模已达4 100亩，并网容量达100MW，正逐步打造成全省最大的清洁能源基地。生态效益方面，项目采用"太阳能板上光伏发电、太阳能板下种植"相结合的综合利用模式，有效地提高了土地利用率，每年可减少碳排放达170 418t。经济效益方面，通过鼓励和引导企业承包太阳能板下土地，种植西瓜、红薯、南瓜等低矮耐旱作物，大力发展太阳能板下农业经济。采取"基地+公司+种植户+贫困户"的模式，积极对接珠三角农贸市场及其他帮扶单位，拓宽种植基地农产品销售渠道，目前，"农光互补"基地共创造经济效益达300万元，直接提供就业岗位28人次。

7.2.1.2 大力推进生态加工业培育创新

始兴县立足生态定位,大力发展需要山水而不污染山水的产业,推动产业基础高级化和产业链现代化,加快构建现代产业体系。

(1)做"竹"文章,推进毛竹精深加工

始兴县立足"南山木,北山竹"资源优势,制定《始兴县创建国家农村产业(竹产业)融合发展示范园工作方案》,成立发展工作领导小组,积极培育和发展竹产品一体化的龙头骨干企业,引导初加工竹产品与高端高附加值二产企业融合,形成集竹浆、竹纤维、竹建材、竹日用品、竹工艺品、竹笋食品于一体的产业化发展新格局。太平镇通过建立翠竹家庭林场和毛竹高产示范基地,实施毛竹精细化种植方式,积极探索利用滴灌生产、抚育技术提高竹笋及毛竹产量,建立材用林、笋竹两用林和笋用林,毛竹产量、品质和成材率都得到明显提升的同时,也培育出更多高附加值的竹子。

(2)布局制笔全产业链,构建文创产业生态圈

办公文具产业是始兴县传统产业之一,已初步形成以盛怡文具公司为龙头,集研发、生产、销售为一体的"中国制笔研发制造基地",是华南地区目前唯一一个硬笔制造基地,2013年,由盛怡文具公司研制的中国第一支太空笔在"神舟十号"正式使用,填补了太空书写工具技术空白。近年来,始兴县聚焦产业集群发展,强化科技赋能,以培育文具制笔百亿特色支柱产业集群为主要方向,围绕"中国首个制笔研发制造基地",引进一批具有自主品牌,具有实用性、观赏性办公文具和航空科创企业,围绕万达、盛怡实业、三信科技等企业开展上下游招商,推动形成文具制笔全产业链。"始兴文笔小镇"依托制笔产业,并通过整合周边的东湖坪民俗文化村旅游景区、禅宗文化等资源,打造出

集制笔研发、文具电子商务、民俗体验等多功能于一体的特色小镇。

7.2.1.3 生态康养与休闲旅游融合发展示范

始兴县依托"围楼、森林、温泉、人文"等特色旅游资源，大力发展生态休闲旅游，先后被评为"全国十佳生态休闲旅游城市""中国魅力文化生态旅游目的地""全国森林旅游示范县"。

始兴县顿岗镇立足"农旅小镇，宜居顿岗"的发展目标，充分挖掘农业生态、农耕文化、森林文化、乡村文化、民族文化、历史文化等资源发展休闲农业和乡村旅游业，推动种植业与二产深加工、三产旅游服务有效融合。顿岗镇周所村利用选陂古村落的地理、文化优势，积极探索以农助旅、以旅富农的发展新模式。顿岗镇开心农庄集中打造了10余项农业旅游观光体验项目，重点打造了广源"荷花节"和宝溪"李花节"，举办了七北村乌泥塘畲族村"乌饭节"民俗文化节等节会活动，形成"村村有特色、镇域有品牌"的局面。2020年，顿岗镇旅客接待量达8万人次，旅游相关产业流水接近3 000万元，其中，开心农庄获"国家级3A景区"、广源休闲农庄获"星级农家乐"称号。各类经营主体带动周边群众兼顾生态保护与社会、经济协同发展，累计带动300余农户，600余村民增收致富。

始兴县创新开发生态森林资源，有效整合山地、森林、温泉、富含负氧离子空气等生态资源，培育以大消费为特色的森林康养产业集群，2020年获评"中国生态康养胜地"，生态旅游品牌价值进一步提升。同时，始兴县以"九龄故里·百里画廊"乡村休闲旅游示范线路为主，将"环车八岭生态经济圈"的景区景点串珠成链，创新举办了广东省自由式轮滑公开赛、环车八岭骑行活动等赛事活动，谋划体育旅游精品品牌，实现"生态+体育旅游"深度融合。

7.2.2 创新机制焕发林业产业活力

7.2.2.1 建立产权清晰的林权制度

始兴县发挥林业资源优势，建立健全"产权归属清晰、经营主体到位、责权划分明确、流转顺畅规范"的林业产权制度，因地制宜、分类指导，推进集体林权制度改革，促进"青山常在、永续利用"，实现"不负青山，方得金山"。2018年，始兴县被列为广东省唯一一个国家集体林业综合改革试验区，全县流转出林地经营权的农户有1 441户，林地经营权流转面积107.70万亩，形成"明晰产权、稳定承包、规范流转"的集体林地流转格局。

同时，通过制定实施《始兴县林地林木流转实施办法》《始兴县推进林业资源资产价值化实施方案（试行）》，建成一套集体林业综合改革制度方案，林权流转管理制度不断完善。创新林权类不动产制度改革，将碎片化的林业资源经营权统一流转至权属清晰、集中连片的交易中心，建成了太平镇、司前镇、罗坝镇3个农村产权交易平台，加强集体林权流转监管，规范林权交易。同时，采取三级负责制和以奖代补的工作机制来加大山林调处力度，推动集体林地有序流转。

7.2.2.2 积极发展资源型林业产业

近年来，始兴县以入选国家集体林业综合改革试验区为契机，探索出流转林地+林果基地、流转林地+家庭林场、"合作社+基地+农户""企业+合作社+基地+农户"等林业产业发展模式，推广林菌、林果等种植产业，林下经济成为全县经济发展"主动脉"。截至2020年，始兴县林下经济种养面积5.25万亩，林下产业规模达11.80亿元，带动2 850户林农实现脱贫致富，人均林下经济收入8 620元。

车八岭世界生物圈保护区过渡区3000亩生态茶园基地通过林场林分改造升级或生态公益林地盘活利用发展特色林下经济，引入社会资本扶持龙头企业、合作社带动区域农户并优先保障贫困户的参与机会，精准实施林业产业扶贫，把发展林业产业作为助农增收新途径。其中，始兴县车八岭茶业有限责任公司实施"公司＋基地＋茶农"的特色农业发展模式，带动扶贫农户150户以上，辐射带动农户种植茶叶3000多亩，反馈农户达1600多万元，使三个省定贫困村集体收入年增近20万元。2019年，始兴县车八岭茶业有限责任公司获评国家级林下经济示范基地。

始兴县司前镇是林业大镇，林下野生中草药品种较多，有大量野生草珊瑚生长。黄沙村通过本村在外乡贤牵桥搭线，成功与广州白云山敬修堂药业股份有限公司签订了草珊瑚种植保收合同，并成立了黄沙村中药材种植专业合作社，建立了200多亩草珊瑚标准化示范基地。通过"公司＋合作社＋基地＋贫困户"模式，扩大规模发展草珊瑚产业，带动黄沙村、贫困户增收脱贫，共有33户贫困户加入合作社，目前已发展草珊瑚种植1200多亩。

7.2.2.3 开创林业碳汇上市交易先河

始兴县立足森林资源丰富的优势，2016年5月，选取刘张家山林场作为全省碳普惠试点项目申报至广东省发展改革委，2017年6月，刘张家山林场备案的37612 t碳普惠核证减排量（PHCER）在广州碳排放交易所以竞价方式成功交易，交易额约55.40万元。在全省开创了林业碳汇上市交易的先河，开辟了生态优势转化为经济优势的新路径。为推广林业碳普惠项目试点经验，实现精准扶贫、绿色扶贫、低碳扶贫，2018年起始兴县积极开展省定贫困村及少数民族村林业碳普惠项目。

2018年，全县19个省定贫困村林业碳普惠项目获备案林业碳普惠减排量449 580 t，交易金额700余万元；2019年，16个省定贫困村林业碳普惠项目获备案，核证减排量140 411 t，交易金额400余万元；2020年，2个省定贫困村林业碳普惠项目获备案，核证减排量42 559 t，交易金额160余万元。

7.2.3 加强体制机制改革

7.2.3.1 健全监测体系摸清生态本底

车八岭国家级自然保护区被誉为"物种宝库，南岭明珠"，2007年加入联合国教科文组织人与生物圈保护区网络。2020年，车八岭保护区建成了全国自然保护区首个红外相机实时传输全境监测网络；自主研发了"700M实时组网传输与智能识别技术"和"车八岭科研监测信息服务平台"，逐步形成"天空地一体化"科研综合监测技术体系和综合信息服务体系。保护区通过构建自然保护地陆生大中型动物及其栖息地全境监测与评估体系，解决了保护地本底不清的技术难题，解决了监测数据实时收集汇交的关键性难题，实现了植物群落的常态化监测。在全国7个试点世界生物圈保护区中，车八岭以创新举措圆满完成了示范保护区建设任务，成为全国首个"中国生物圈保护区网络野生动物智能监测示范保护区"。

基于其丰富的生态系统服务功能，始兴县在车八岭国家级自然保护区开展了生态系统服务功能价值核算试点，对保护区2017—2020年生态系统服务功能价值进行核算。核算结果显示车八岭保护区GEP逐年增加，2017年GEP总值为2.11亿元，2020年GEP总值约2.20亿元。在生态服务功能类型中，生物多样性保护功能价值最高。

7.2.3.2 加速推进生态产品市场化机制

（1）培育壮大新型农业林业经营主体

制定《关于鼓励新型农业经营主体发展的实施意见》，对农民合作社、家庭农场、农业产业化联合体等新型农业经营主体实施奖补措施。制定《始兴县"乡村产业振兴贷"风险补偿实施细则》，设立新型农业经营主体融资风险补偿基金，形成政府、银行风险共担和补偿机制，为新型经营主体提供贷款风险补偿服务。

出台《始兴县推进新型林业经营主体发展办法》《始兴县家庭林场评选认定暂行办法》《森林经营精准化提升实施方案》等文件，积极推进新型林业经营主体发展政策措施，建立健全林业补贴政策，扶持、促进和培育家庭林场、专业合作社、专业大户发展，激活集体林业经营活力。目前，全县已创建国家林下经济示范基地1个，省级林下经济示范基地4个，国家级林业龙头企业1个、省级林业龙头企业4个，省级特色经济林基地3个，省林业专业合作社示范社4个，省示范家庭林场3个。

（2）"强镇富村"激活经济发展新动能

始兴县各乡镇以组建强镇富村发展有限公司为契机，培育发展新型农民合作社，鼓励农民参与龙头企业产业化经营，因地制宜扶持发展一批优势突出、管理规范、效益较好的"龙头企业＋合作社＋农户"的新型产业化组织。

一是"强镇富村＋农业产业链融合"。始兴县顿岗镇强镇富村公司联合"宝溪面"乡村振兴车间，大力发展淮山、葛根、蔬菜等果蔬面"产加销"一体化，不仅解决了当地农户种植农产品的销路问题，而且延伸了"宝溪面"产业链，提高了农产品经济效益。始兴县隘子镇强镇富村现代农业发展公司利用供销社流通体系，与生产"张九龄宰相粉"的农业龙头企业——始兴县旺满堂食品有限公司合作，形成了生产、加工、展示、销售全产业链新模式。同时，依托始兴县电子商务公共服务中心，利用"线上+线下+物流+产业"拓宽农产品营销渠道，做大做强"张九龄宰相粉"产业。

二是"强镇富村+农文旅运营"。始兴县隘子镇、城南镇等拥有满堂客家大围、周前古村等优质文旅资源的乡镇积极探索"公司+乡村文旅运营"，做好做精休闲观光、农事体验、乡村民宿等新型业态，推动农文旅融合发展；沈所镇利用旧址红围、革命遗址馆等红色革命资源，成立外营乡村旅游开发有限公司，由公司统一运营承接红色旅游、红色培训业务。半年累计接待红色研学学员1 000余人次，转化增加村集体收入7 244元。

7.2.3.3 建立健全土地承包经营权流转机制

作为"粤北粮仓"，近年来，始兴县按照"流转形式多样化、运作方式市场化"的要求，建立健全农村土地承包经营权流转机制，鼓励各乡镇因地制宜推进土地流转工作，引导土地资源集聚有效利用。目前，全镇土地流转面积达4万亩，建成有机蔬菜、特色水果、猕猴桃、山茶油等4个千亩连片产业示范基地，有机农业产业总产值达2.80亿元。

一是制定奖补政策引导开展复耕复种。制定实施《2022年始兴县撂荒耕地复耕复种粮食奖补方案》，按照每亩500元的标准分配到各乡镇，推进水田垦造、撂荒耕地复耕复种。同时，鼓励村集体将撂荒地流转回收，以村经济联合社等为主体，利用驻镇帮镇扶村等资金开荒整治，让"撂荒地"变成"致富田"。

二是支持新型经营主体承接流转土地。始兴县城南镇通过制定实施

《城南镇土地流转三年行动计划》《城南镇土地流转奖补实施办法》等文件，鼓励土地向龙头企业、合作社、家庭农场等新型经营主体流转。同时，建立健全镇、村、小组三级土地承包经营权流转服务组织，强化村组集体"统"的功能，化分散流转为集中流转。

三是制订奖补激励政策方案。澄江镇采取"农户—村委会—企业""农户—村小组—企业""农户—企业"等多种方式开展土地流转，并根据流转面积、流转期限、流转率进行农村土地经营权流转财政奖补。支持鼓励农村集体经济组织利用未承包到户的集体"四荒"地、果园、养殖水面和已经承包到户但因人口外出而重新撂荒的耕地等资源，通过"集中开发"方式促进现代农业产业发展。

7.3 生态产品价值实现有效路径

经验证明，我们要在经济发展中解决一些结构性难题，把薄弱环节搞上去，必须建立一个有利于补短板的市场机制，这样才能事半功倍。

7.3.1 健全生态产品市场化示范机制

行之有效的示范机制是生态产品市场化的有效路径，打通上下游供需对接并延伸生态产品价值链，才能使生态产品在市场上走得更远。

7.3.1.1 推进产品供需精准对接

（1）培育生态产品市场交易主体

积极开展生态产品对接招商。主动融入粤港澳大湾区，充分发挥帮扶单位及东莞市塘厦镇资源优势，搭建本地农业龙头企业及粤港澳大湾区大型采购企业产需对接平台，引导建立"前湾后园"供销对接模式和机制，及时分享双方供需诉求。定期举办"产销对接"现场洽谈促进会，推进生态产品供给与需求、资源与资本精准高效对接。探索推进生态产品交易中心在始兴县落地成立。

培育壮大生态产业龙头企业。围绕始兴县优质蔬菜产业和特色水果产业，着力引进一批实力雄厚、经验丰厚、产业链供应链完善的种植业、加工业、流通业等龙头企业。重点扶持盛丰有机蔬菜基地、九峰农业、创发农业、古塘实业等农业生产及农副产品生产企业。加强现有企业服务，鼓励创发、九丰、益富等农业龙头企业通过合资合作、兼并重组、股份改革等方式，组建大型企业。以各乡镇组建强镇富村发展有限公司为契机，扶持发展一批优势突出、管理规范、效益较好的"龙头企业＋合作社＋农户"的新型产业化组织，提高产品的市场竞争力和风险抵御力。

（2）促进农村电商产业发展

以始兴县国家级电子商务进农村综合示范项目为抓手，建立"一纵一横，多点结网"的电商模式。其中，"一纵"为纵深推进，深挖产业链；"一横"为横向联动，整合供应链。

推进农产品标准化建设。基于电商平台销售的农产品的特性，制定电商产品规格标准、产品分级标准、包装标准、贮藏标准、产品检测标准等一系列标准，并形成规章制度，贯穿农产品的产前、产中、产后全过程。规范农产品质量控制技术，健全农产品质量标准体系，对品牌使用设立严格准入标准，以减轻同类不同质产品的困扰，加强对公用品牌的保护。

拓宽线上线下营销渠道。依托"抖音""快手"等各类新媒体展示展销平台，通过"两微一网"（微博、微信、官网）和新媒体建立起商品推广主页，充分利用直播等线上展销模式，积极探索全媒体的融合转型，构建全方位、多层次、多声部的农业品牌宣传工作新媒体矩阵。依托始兴县电子商务公共服务中心，建立"服务支持+产业对接+质量检测+品牌注册+包装设计+营销推广+其他增值服务"的全方位服务模式，建立县、乡、镇三级电商服务和物流配送体系，打通农产品销售最后一公里。

7.3.1.2 拓展延伸生态产品价值链

（1）塑造始兴生态农业品牌群

始兴县通过塑造生态农业品牌群，进一步打响"始兴杨梅""始兴枇杷""张九龄宰相粉""始兴石斛""始兴香菇"等单体品牌，形成区域公用品牌、企业专营品牌和产品品牌互动公益、良性循环发展的局面。

打造标志性县域农产品公共品牌。在广东省打造"粤字号"农业知名品牌的助力下，打造属于始兴的"区域+产品特性"的农产品公用品牌，将始兴县的特色农产品冠以统一的商标。立足韶关市精致农业发展战略，大力发展杨梅、枇杷、茶叶、食用菌等品牌精致农业产业，促进马市黄烟、罗坝蚕桑、城南有机蔬菜、澄江有机蔬菜与水果、太平镇水果、司前中草药等"一乡一品""一乡多品"发展。

打造"张九龄宰相粉"单体品牌。依法委托注册"张九龄宰相粉"集体商标和"始兴清化粉"地理标志证明商标。推进张九龄宰相粉文化展示和生产示范项目建设，配套建设宰相粉产品检验中心、研发中心、展示中心、电子商务、快递物流、旅游观光等公共服务平台。鼓励"张九龄宰相粉"餐饮企业开展品牌连锁经营，指导"张九龄宰相粉"生产企业积极申报绿色食品、有机食品认证，提升产品市场竞争力和价值。

打造"始兴珍果"公用品牌。以市级打造"韶关珍果"品牌为契机，积极争取上级政策和资金支持，在全县层面统筹打造"1+N"特色水果区域公用品牌体系。围绕"始兴杨梅"国家地理标志保护产品，着力培育壮大"枇杷""沙田柚""红线李""葡萄"等一批市场知名度较高、产业规模突出、拥有"两品一标"产品认证且品质稳定、仓储物流完善、文化底蕴深厚的水果名牌产品。鼓励和支持水果生产规模化主体申报使用"始兴珍果"区域公用品牌，对纳入"始兴珍果"区域公用品牌目录的规模化主体，县级统筹涉农资金给予资金奖励。

（2）促进生态产品高附加值供给

推进林产品精深加工。以始兴县林下经济产业为基本依托，加快发展农产品加工、储存、包装、运输、商品化处理等相关产业。推进始兴工业园马市片区竹木复合材料、可降解竹制品等竹循环产业园建设，深入实施"互联网＋现代农业"行动，大力发展农产品电子商务、订单农业、众筹农业等，开展林地立体复合经营，积极推动林下经济精准开发利用、品牌打造。

发展蔬菜精深加工业。重点扶持蔬菜储藏、保鲜、烘干、分类分级包装和运输等初加工产业建设，提升产品档次和附加值。通过古塘蔬菜产业示范园加工项目、亿帝玉米罐头精深加工项目建设，鼓励引导农业企业自主对生产的农产品进行加工。

修复提升生态产品供给质量。因地制宜采取严格保护、自然恢复、辅助再生、生态重建等分类措施，加大生态保护修复力度。培育一批从事生态保护修复和治理的专业化企业和机构。加强自然统筹管理使用，开展"小散乱"资源专项整治行动，加大对粗放型开发、无序性开采的整治力度。

7.3.2 高标准推进生态产品示范经营

高标准的生态产品经营可快速提高知名度，打开市场。

7.3.2.1 生态农业产业示范经营

（1）着力建设"3个10万亩"农业产业带

立足始兴县的资源禀赋和本地发展条件，打造"3个10万亩农业产业带+基地"（粤港澳大湾区10万亩绿色有机菜篮子基地，浈江河谷10万亩杨梅枇杷特色水果产业带，环车八岭10万亩特色林下经济产业带，优质稻等多基地）的生态农业建设发展布局，着力打造"双区"的"米袋子""菜篮子""果盘子""茶罐子"。

（2）增强农业质量效益和竞争力

通过加快"一县一园、一镇一业、一村一品"产业体系建设，支持和发展"公司+合作社+农户+基地""公司+养殖户+合作化养殖小区""基地+龙头企业+产业大户+农户"等多种现代农业经营发展模式，充分发挥龙头企业对农户的辐射带动作用，逐步构建现代化农业产业体系。在"十四五"期间，大力提升始兴县农业产业化、绿色化、科技化、品牌化发展水平，基本实现生产效率高、规模生产经营率高、产品质量高、产业效益高、市场竞争力高、农民收入高的目标。

7.3.2.2 生态工业产业培育创新

以科技创新引领工业倍增升级。实施园区优化布局和提质增效工程，进一步优化"一园五片区"的产业布局，明确各片区产业发展定位。大力推进电子信息全产业链项目建设，切实解决企业发展用地等瓶颈制约，把忠信打造成始兴"双百亿"（百亿投资、百亿产值）龙头企业。鼓励重点微型马达生产企业引进电子机械配套企业，建设粤北微型马达研发中心。围绕始兴的"中国首个具有研发功能的制笔研发制造基地"称号，加快东湖坪片区标准厂房和公共服务设施建设，推动形成文具制笔全产业链，擦亮"中国太空笔"品牌。

持续加强招商引资力度。积极引进科技型、创新型企业，在"十四五"期间，立足资源优势打造一批"环保型、科技型、创税型，资源集中、用地集约、产业集聚"（三型三集）的特色产业集群。加强与中国轻工业行业协会、中国制笔协会、广州文具行业协会等商协会合作，着力引进一批具有自主品牌，具有实用性、观赏性办公文具和航空科创企业。成功创建省级高新技术产业开发区，将园区打造成始兴县对接"双区"资源的平台。

7.3.2.3 生态康养旅游融合发展

（1）打造"环车八岭"乡村振兴示范带

孵化建设一批精品民宿、红色旅游、乡村美食、健康养生、户外运动、少数民族文化、文化体验等旅游新业态。依托国省道、碧（绿）道、长征历史步道、南粤古驿道、华南教育历史研学基地等沿线资源，串线连片形成乡村休闲产业带。拓展现代农业多种功能、挖掘多元价值，让"产区变景区、田园变公园、劳作变体验、农房变客房"，促进村集体增收、农民致富。推进满堂围客家文化体验区建设项目、满堂围旅游综合服务中心建设项目、九龄故里国学文化体验区建设项目、顿岗镇乌泥塘畲族文化村项目、纪元田园综合体项目等文旅项目建设。

（2）打造环车八岭森林旅游带

一是整合各项旅游资源，按照"文化引领、串点连线、融合互动"的发展思路，重点建设刘张家山省级森林公园、司前镇森林公园、罗坝鸡公坑瀑布群、刘张家山温泉群等森林旅游特色产品，提升景区景点的建设品质，构建始兴县旅游发展的区域旅游联动圈。二是依托车八岭的生态优势，明确生态红线，加强周边风貌管控，发展相关产业，做好规划工作。侧重生态农业和旅游经济，挖掘开发一批旅游资源，设计环车八岭的精品旅游线路，策划一批旅游商品，建立一批生态体验基地。修建环车八岭的旅游公路，为旅游经济发展提供基础保障。

（3）创新生态文旅康养新业态

建设森林康养小镇、森林康养社区、森林康养人家、森林氧吧、森林康养步道，重点打造百里画廊森林风光带，建设北部沈所—马市森林康养产业集群、中部顿岗—澄江森林康养产业集群和南部深渡水—隘子三个森林康养产业集群，打造车八岭、南山、龙斗崀林场体验为主的森林康养基地，总甫、刘张家山森林温泉疗养为主的森林康养基地，司前森林养生为主的森林康养基地等六大精品示范基地建设，力争创建全国森林康养示范区和国家康养旅游示范基地，打造全省乃至全国知名的森林康养目的地。

第8章

生态保护补偿模式实践——以韶关市新丰县为例

新丰县通过拓展多元化生态保护补偿机制，深度挖掘并实现了森林、水资源等生态产品的经济价值，成功开辟出一条生态保护与经济发展协调并进的新路径。

8.1 区域概况

8.1.1 区位概况

新丰县地处广东省中部偏北、韶关市南端，是东江最大支流新丰江的发源地，著名新丰江水库21.40%的水源来自新丰。位于广州、清远、惠州、河源、韶关五市交会处，是韶关市唯一与粤港澳大湾区接壤的县，是广东省加快构建"一核一带一区"区域发展新格局的重要节点城市。

全县总面积2 015.20 km²，总人口26.77万人，是广东省革命老区县。

8.1.2 自然资源

8.1.2.1 生态资源

新丰县是典型的山区县，素有"九山半水半分田"之称。境内崇山峻岭，植被繁茂。全县以青云山为分水岭，县域分属东江流域（东部）和北江流域（西部），山地面积占80%以上，全县主要有东部低山区、西部丘陵区、中部中山区和沿河丘陵盆地区4种地貌类型。林业用地面积252.30万亩，森林面积157 410.70 hm²，森林覆盖率80.79%，活立木蓄积量1 049.30万 m³，生态公益林74 855.40 hm²。城市空气质量优良率达99.40%，饮用水水源地水质达标率达100%。辖区内有国家级湿地公园鲁古河自然保护区、省级自然保护区云髻山，是国家重点生态功能区、全国生态示范区建设试点县、广东省重点生态功能区、广东省林业重点县。

新丰县自然土壤有黄壤、红壤、赤红壤、红色石灰土和石质土等，其中以赤红壤面积最大。全县矿产资源丰富，已探明矿产资源有瓷土、稀土矿等14种，稀土探明储量约占广东稀土矿67%，其中铁矿储量超过856.40万 t，稀土矿储量6 349.60万 t，瓷土储量658.30万 t。生物多样性丰富，属于国家重点或珍稀濒危野生植物的有苏铁蕨、金毛狗、福建观音座莲等，国家Ⅱ级保护动物有穿山甲、斑林狸、小灵猫等。

8.1.2.2 水资源

新丰县地处东江、北江和流溪河三河水系分流之处，是广东省东江流域重要支流——新丰江的源头，是新丰江水库（万绿湖）重要水源地。全县川流纵横，水资源丰富，有大小河流568条，其中集雨面积

100km² 以上的主要河流有1条干流和8条支流，分属东江和北江水系。境内新丰江长77.40km（占总长度47.50%），流域面积1 240km²（占总流域面积21.30%），最优质的水直接惠泽广州、深圳、香港数千万民众。饮用水水源地水质达国家Ⅱ类水标准。新丰县水能资源充沛，蕴藏量达14.90万kw，电力、供水充足，是中国首批100个电气化试点县之一。

8.1.2.3 旅游资源

新丰县是"中国岭南避暑胜地"，境内山清水秀、风光旖旎。云髻山旅游区为省级自然保护区，主峰海拔1 438.80m，区内遍布奇峰怪石和天然岩洞，是环珠三角最高峰，可春赏山花，夏弄清风，秋观红叶，冬踏冰雪。该旅游区以绿色生态、山地体育为特色，集登高、探险、观光、旅游、休闲、度假于一体的山地体育旅游区。新丰县温泉资源量大品优，高温、南方稀有的含氡温泉，具有独特养生保健功效，已探明的温泉点有徐坑、大岭等，正在打造"中国温泉之乡"。新丰县森林温泉度假区内的大岭温泉含十多种微量元素，对各种皮肤病、关节炎及消化系统疾病有辅助治疗的功效。

8.1.3 社会经济

近年来，新丰县坚持"融入珠三角、服务大湾区，生态富民立县"发展战略，县域经济高质量发展势头强劲。地区生产总值从2010年的30.89亿元增长至2021年的80.52亿元，年均增速为9.10%，高于韶关市平均增速（8.60%）。人均GDP达到4.12万元，较2010年增长1.80倍。工业经济扩量提质，累计实施技改项目26个，完成投资316.50亿元；战略性新兴产业、先进装备业渐成规模，占规模以上工业总产值15.30%。三次产业增加值分别比2010年增长145.30%、

143.70%、180.10%，年均增长8.50%、8.40%和9.80%，比重由2010年的21.1∶33.4∶45.6调整为2021年的19.8∶31.2∶49.0，第三产业比重在全市11个区（县）中排名第4位。

8.1.3.1 生态农业

近年来，新丰县立足于本县独特的资源优势，围绕"东菜北茶西果"产业发展思路，精准对接大湾区绿色农产品供应需求，逐步形成"1+6+10"现代农业产业发展格局。省级现代农业茶叶产业园完成建设，茶叶种植面积超万亩，多个茶叶品牌屡获国家级、省级名优茶质量竞赛金奖，是绿色食品生产基地县、无公害蔬菜基地县和全国生态建设示范县。打造"国字号"农业品牌3个（新丰佛手瓜入选全国名特优新农产品"区域公共品牌"、国家地理标志保护产品；"新丰红茶"入选2020年全国名特优新农产品名录，"新丰炒青绿茶"入选2021年全国名特优新农产品名录）、"粤字号"农业品牌23个，培育粤港澳大湾区"菜篮子"基地2个，省级"菜篮子"基地3个。打造"一村一品、一镇一业"专业镇3个，黄磜镇被认定为国家级、省级、市级专业镇，马头镇和沙田镇被认定为省级专业镇。

8.1.3.2 现代工业

依托丰富矿产资源，新丰县大力发展稀土、陶瓷、水泥等特色工业。规划建设了创新园、回龙园、马头园、紫城园、松园园等工业园区。亚洲装机容量最大的生物质电厂——韶能生物质、鸿丰水泥、新盟食品等一批项目建成，世界500强企业广汽集团——广汽测试中心、投资超百亿元的万洋众创城等一批项目相继落户新丰，以新能源汽车、新型建材、环保餐具、绿色食品为主导的绿色产业体系加速成型。产业平台承载力全方位提升、吸引力大幅增强，锻造高质量发展新引擎，回龙园升级为"省产业转移园区""省产业集聚地",成为承接"双区"产业延伸牵引区;马头园转型为"省循环化改造试点",成为发展绿色低碳循环工业示范区。培育省高新技术企业10家、市级工程研究中心11家。

8.1.3.3 生态旅游

打造百香果基地、森涞大丰茶叶庄园等广受游客欢迎的农旅融合景点;中国丛林摩托车障碍赛、全国学生定向锦标赛、粤港澳大湾区汽车场地越野挑战赛等成功举办,唱响了新丰"越野胜地·休闲天堂"品牌。云髻山获评国家3A级景区,云髻山酒店试业运营;马拉松体育度假小镇和江源温泉谷落户新丰,"高山有机茶园之旅"入选全国茶乡旅游精品线路,大陂村获评市"旅游名村"。以休闲度假、温泉康养、森林旅游、户外越野为支撑的全域旅游发展格局不断壮大。

8.2 生态产品价值实现探索成效

8.2.1 构建森林生态系统服务价值

森林生态系统服务功能是指森林生态系统与生态过程中所形成及维持的人类赖以生存的自然环境条件与效用,主要包括森林在涵养水源、保育土壤、调节大气、积累营养物质、净化空气、生物多样性保护和森林游憩等方面提供的生态服务功能。结合当地实际调研情况,构建森林生态系统服务功能价值评估指标体系。

新丰县森林生态系统所具有的物质生产、水源涵养、保育土壤、固碳释氧、净化空气、保护生物多样性、休闲娱乐等主要生态服务功能价值评估指标体系如表8-1所示。

表8-1 新丰县森林生态系统服务功能价值评估指标体系

经济功能	物质生产	林木产品
	水源涵养	调节水量、净化水质
生态功能	保育土壤	固土、保肥
	固碳释氧	固碳、释氧
	净化空气	吸收污染物、阻尘
	保护生物多样性	物种保育
社会功能	休闲娱乐	森林游憩

8.2.1.1 物质生产价值量

森林物质生产价值主要包括林木及林副产品的价值，计算得出新丰县主要树种林木价值为 1.15×10^8 元/a，林木副产品的价值为 6.35×10^8 元/a，森林物质生产总价值为 7.47×10^8 元/a（表8-2和表8-3）。

表8-2 新丰县主要树种林木价值

树种类型	立木蓄积/（m³/km²）	生长率/%	新增蓄积量/（m³/km²）	立木平均价格/元	出材率/%	林木价值/万元
杉木	609 753	9.12	36 585.18	400	63	1 401.36
松木	1 604 781	11.2	81 843.83	400	63	4 529.33
针叶混交林	539 880	5.7	30 773.16	400	63	775.48
针阔混交林	1 836 512	4.3	78 970.02	400	63	1 990.04
阔叶树	2 156 544	5.12	64 696.32	400	63	2 782.46
总计			—			11 478.68

表8-3 新丰县主要树种林木副产品价值

林木副产品类型	产量/kg	价格/（元/kg）	价值/万元
油桐籽	10	1 918.23	1.90
油茶籽	70	2 789.25	19.52
食用菌	52	22 418.87	116.58
松脂	100	5 798.2	51.85
竹笋干	140	29 911.47	418.76
板栗	24	11 190	26.86
总计		—	635.49

8.2.1.2 涵养水源价值量

计算得到新丰县森林生态系统调节水量的价值为 5.78×10^9 元/a，净化水质的价值为 1.98×10^9 元/a，涵养水源总价值 7.76×10^9 元/a。各森林类型年涵养水源价值排序为：阔叶林、松木、杉木、经济林、竹林（表8-4）。

表8-4 新丰县森林涵养水源价值估算

项目	杉木	松木	阔叶林	竹林	经济林	小计
林分面积年降雨量/mm	4.05	8.87	10.91	6.68	10.60	41.11
林分年蒸发量/mm	2 206	2 206	2 206	2 206	2 206	—
林下地表径流量/mm	1 307.5	1 307.5	1 307.5	1 307.5	1 307.5	6 537.5
林分调节水量价值/元	914 921 136	2 013 134 902	2 457 492 296	147 850 143	244 781 672	5 778 180 149
林分净化水质价值/元	312 924 080	688 538 456.4	840 518 909.2	50 568 150.9	83 720 964	1 976 270 561
涵养水源总价/元	1 227 845 216	2 701 673 358	3 298 011 205	198 418 293.9	328 502 636	7 754 450 710

8.2.1.3 固碳释氧价值量

新丰县森林生态系统的植被类型按国家林业和草原局认定退耕还林工程的标准划分为生态林与经济林，生态林主要包括杉木、松木、阔叶林、灌木林、竹林。计算得出该地区各种植被总固碳量为 169 549.44 t/a，固碳价值为 20 578 269.80 元/a，释氧量为 473 161.24 t/a；释氧价值为 178 145 205.30 元/a，固碳释氧总价值为 1.99×10^8 元/a，单位面积固碳释氧价值为 1 019.90 元/hm²/a（表8-5）。

表8-5 新丰县森林固碳释氧价值估算

项目	杉木	松木	阔叶林	竹林	灌木林	经济林
面积/hm²	—	—	—	1 850.5	4 839.7	3 063.7
生产力/[t/(hm²·a)]	—	—	—	17.16	4.18	7.09
蓄积量/(m³/hm²)	609 753	1 604 781	2 156 544	—	—	—
林分蓄积生长率/%	9.12	11.2	5.12	—	—	—
蓄积量与生物量转换系数/[m³/(hm²·g)]	0.54	0.56	1.72	—	—	—
总生产力/[t/(hm²·a)]	372 579.4	—	—	—	—	21 721.63
固二氧化碳量/(t/a)	—	—	607 304.42	—	—	35 406.26
固碳量/(t/a)	—	—	160 207.14	—	—	9 340.3
释氧量/(t/a)	—	—	447 095.28	—	—	26 065.96
固碳总价值/(元/a)	—	—	15 066 558	—	—	5 511 712.32
释氧总价值/(元/a)	—	—	183 397 929	—	—	15 325 546.1
总计	\multicolumn{6}{c}{1.99×10^8}

8.2.1.4 保育土壤价值量

新丰县森林生态系统保育土壤功能的总价值为固土价值与保肥价值之和，即 3.77×10^9 元/a。各植被类型年固土保肥总价值排序为阔叶林>松木>杉木>经济林>竹林，保育土壤价值量与林分面积、土壤侵蚀模数及土壤养分含量有密切关系。

8.2.1.5 净化空气的价值量

新丰县森林生态系统净化空气总价值为 9.28×10^8 元/a，单位面积净化空气的价值为 4 761.84 元/hm²/a。森林吸收各种污染物价值的比较：吸收 SO_2＞吸收 NO_x＞吸收 HF，各项所占比例分别为：87.96%（SO_2）、11.42%（NO_x）、0.62%（HF）。由此可看出，本地区森林在吸收的污染物中发挥主要作用，各森林类型净化空气的总价值比较为：松木＞杉木＞阔叶林＞经济林＞竹林，价值最大的树种是松木，价值最小的树种是竹林，主要与林分阻尘能力和林分面积有关。

8.2.1.6 休闲娱乐的价值量

本节从市场角度出发，采用旅游费用法来估算森林旅游带来的休闲娱乐价值，根据公式计算得出新丰县森林生态系统休闲娱乐总价值为 2.21×10^8 元。

8.2.1.7 保护生物多样性的价值量

将新丰县林分划分为以下几种类型：杉木、松木、竹林、阔叶林、经济林，根据不同林分物种资源损失机会成本，根据 Shannon-Wiener 指数（表8-6）和建议值进行计算，得出森林保护生物多样性总价值为 1.32×10^9 元/a（表8-7）。

表8-6　Shannon-Wiener 指数等级划分及其价值量

等级	Shannon-Wiener 指数	单价/[元/（hm²·a）]
Ⅰ	指数≥6	50 000
Ⅱ	5≤指数＜6	40 000
Ⅲ	4≤指数＜5	30 000
Ⅳ	3≤指数＜4	20 000
Ⅴ	2≤指数＜3	10 000
Ⅵ	1≤指数＜2	5 000
Ⅶ	指数≤1	3 000

表8-7 新丰县森林保护生物多样性价值估算

项目	杉木	松木	阔叶林	竹林	经济林
表林分面积/hm²	11 451.2	25 196.5	30 758.1	1 850.5	3 063.7
多样性指数	1≤指数<2	1≤指数<2	3≤指数<4	1≤指数<2	指数≤1
多样性价值/（元/a）	10 000	10 000	30 000	10 000	5 000
总计	\multicolumn{5}{c}{1.32×10^9}

结合新丰县森林自然资源生态特点和社会经济条件，运用价值量评价方法，采用《新丰年鉴》公布数据，估算出新丰县森林生态系统各类服务功能总价值为 1.43×10^{10} 元/a。经初步估算，涵养水源功能价值最高，为 7.76×10^9 元/a，占总价值的54.26%，其次是保育土壤为 3.77×10^9 元/a，占总价值的26.35%，之后依次是保护生物多样性价值为 1.32×10^9 元/a，占总价值的9.23%，净化空气价值为 9.23×10^8 元/a，占总价值的6.45%、休闲娱乐价值为 2.21×10^8 元/a，占总价值的1.54%、固碳释氧价值为 1.99×10^8 元/a，占总价值的1.39%，最后是物质生产价值为 1.12×10^8 元/a，占总价值的0.78%。总体来看，新丰县森林生态系统具有显著的涵养水源、水土保持功能，对维护新丰江流域的生态安全具有重要意义，因此，新丰县作为新丰江流域生态屏障区，应该重视森林生态系统的保护和管理，并进行合理开发与经营，最大限度发挥森林生态系统服务功能（图8-1）。

按经济社会效益货币不同表现形式将新丰县森林生态系统生态服务功能价值划分为直接经济价值（物质生产价值）和间接经济价值（生态和社会价值）。直接经济价值是 1.12×10^8 元，间接经济价值是 1.42×10^{10} 元，间接经济价值是直接经济价值的126倍。因此，要由过

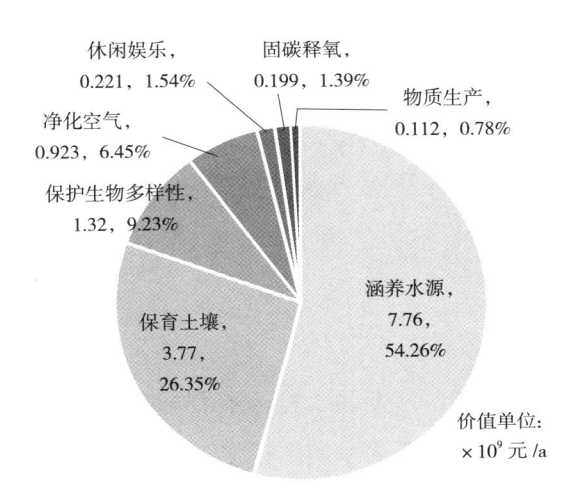

图8-1 新丰县森林生态系统各类服务功能价值及占比

去的单纯取材转变为充分发挥森林的服务功能，实现经济效益、社会效益、环境效益最大化。

根据不同地区的国土面积和森林生态系统服务功能总价值，计算出新丰县、韶关市、广东省、中国单位面积森林生态系统服务功能价值分别为70 800元/（a·hm^2）、41 600元/（a·hm^2）、30 800元/（a·hm^2）、10 400元/（a·hm^2）。新丰县单位面积森林生态系统服务价值约为韶关市的1.7倍，广东省的2.3倍，全国的6.8倍。由此可见，随着评估地区面积增大，单位面积的价值也越来越小（表8-8）。

表8-8 不同地区森林生态系统服务价值对比

区域	新丰县	韶关市	广东省	全国
价值/（元/a）	143	769	5 545.73	100 100
面积/hm^2	202 000	1 850 000	18 000 000	960 000 000
单位面积价值量/[元/（a·hm^2）]	70 800	41 600	30 800	10 400

8.2.2 构建生态系统补偿机制框架

8.2.2.1 补偿标准

达标水量补偿标准：地表水水资源费征收标准为 0.2 元/m³；

污染物削减补偿标准：化学需氧量为 1.5 万元/t；氨氮为 10 万元/t；总磷为 10 万元/t。

8.2.2.2 补偿资金核算方法

达标水量补偿标准＝年断面水量 × 补偿标准；

单因子补偿资金＝（断面水质指标值－断面水质目标值）× 年断面水量 × 补偿标准；

补偿资金为达标水量补偿标准及各单因子补偿资金之和。

8.2.2.3 达标水量补偿资金

由于本节研究主体是区域生态补偿，因此在此仅计算过境河流。根据新丰江流域各断面基本数据（表8-9），新丰县境内新丰江流域干流多年平均径流量为 131 189.76 万 m³。根据补偿标准，新丰县内新丰江流域达标水量补偿资金为：

131 189.76 万 m³ × 0.2 元/m³ ＝ 26 237.952 万元 ≈ 2.624 亿元。

表8-9 新丰江流域各断面基本数据

序号	河流/水库名称	多年平均流量/（m³/s）	多年平均径流量/万 m³	总库容/万 m³	年取水量/万 m³
1	新丰江干流	41.6	131 189.76	—	—
2	大席河	16.77	52 885.872	—	—
3	梅坑河	4.19	13 213.584	—	—
4	层坑河	6.57	20 719.152	—	—
5	双良河	5.03	15 862.608	—	—
6	白水磜水库	—	—	356	864.1
7	鲁古河水库	—	—	1 250	66
8	回龙水库	—	—	514	73

数据来源：《2018年韶关市水资源公报》。

8.2.2.4 单因子补偿资金

由于白水礤水库、鲁古河水库、回龙水库的水源主要用于供给韶关市，因此不涉及区域生态补偿。

根据表8-10，梅坑河仅提供达标水源，无须另外进行生态补偿；大席河、层坑河以及双良河水质均优于水质目标，鉴于此，需对这三条河流进行污染物削减补偿。表8-11为地表水环境质量标准部分指标限值。

表8-10 新丰江流域各河流断面监测数据

序号	河流/水库名称	多年平均流量/（m³/s）	多年平均径流量/万 m³	水质目标	水质现状
1	新丰江干流	41.6	131 189.76	—	—
2	大席河	16.77	52 885.872	Ⅲ	Ⅱ
3	梅坑河	4.19	13 213.584	Ⅱ	Ⅱ
4	层坑河	6.57	20 719.152	Ⅲ	Ⅰ
5	双良河	5.03	15 862.608	Ⅲ	Ⅱ

数据来源：《2018年韶关市水资源公报》。

表8-11 地表水环境质量标准部分指标限值   单位：mg/L

序号	水质类别	化学需氧量（COD）	氨氮（NH$_3$-N）	总磷（TP）
1	Ⅰ	15	0.15	0.02
2	Ⅱ	15	0.5	0.1
3	Ⅲ	20	1.0	0.2

根据表8-12，新丰江流域COD年削减量为4 473.382t；NH$_3$-N年削减量为519.855 2t；TP年削减量为106.043t。

COD削减补偿资金 = 4 473.382t × 1.5万元/t = 6 710.073万元；

NH$_3$-N削减补偿资金 = 519.855 2t × 10万元/t = 5 198.552万元；

TP削减补偿资金 = 106.043t × 10万元/t = 1 060.43万元。

污染物削减补偿资金合计：12 969.055万元，即约为1.297亿元。

表8-12　新丰江流域各支流污染物削减量

序号	河流名称	多年平均径流量/万m³	COD削减量/(mg/L)	NH₃-N削减量/(mg/L)	TP削减量/(mg/L)	COD年削减量/t	NH₃-N年削减量/t	TP年削减量/t
1	大席河	52 885.872	5	0.5	0.1	2 644.294	264.429 4	52.885 87
2	层坑河	20 719.152	5	0.85	0.18	1 035.958	176.112 8	37.294 47
3	双良河	15 862.608	5	0.5	0.1	793.130 4	79.313 04	15.862 61
合计						4 473.382	519.855 2	106.043

通过对新丰县流域干流径流量和各支流污染物削减量按照补偿标准计算，得出新丰县新丰江流域生态补偿资金总额为3.921亿元，占全县GDP的5.23%。其中，达标水量补偿资金为2.624亿元；污染物削减补偿资金为1.297亿元。生态补偿可为当地政府制定相关生态补偿措施、申请国家生态补偿资金等提供参考。

8.2.3　积极探索生态富民立县新模式

近年来，新丰县立足山多林广、资源丰富、生态环境优良的特点，积极探索"种植一个品种，形成一个产业，致富一方百姓"的林业产业发展新路径，大力推进生态产业化、产业生态化。在实践过程中，结合"药园子"的打造，在县属司茅坪和雪山林场试点开展了南药种植；引进"重组竹"新科技，解决县内竹子存量的出路问题；引进八仙顶林下经济发展项目，并通过申报2个省级康养基地、1个省级林业专业合作社、2家南粤森林人家，进一步提升全县森林康养产业发展的整体水平。截至目前，全县林下种植面积已达到18万亩，林业产值达27.58亿元。

"北茶、东菜、西果"的特色产业格局基本形成。北片地区主要是黄礤镇，属高寒山区，适宜种植反季节蔬菜、名贵花卉等。当地因地制宜，逐渐形成了以"两瓜、两茶、两花"为主线的农业产业化发展思路，其中茶叶产业是龙头产业，尤以高山茶最为著名。2018年7月，当地茶叶产业园获批成为第一批广东省省级现代农业产业园，现园区种植茶叶约666.67 hm²，产品有绿茶、红茶、乌龙茶，年产量约325t，年产值约1.3亿元。2020年，当地带动约1 700户农户种植茶叶约166.67 hm²，直接带动就业约2 000人次。东片地区主要是马头镇，大力发展时令蔬菜种植业。南部秀坑、秀田、大陂、上湾等村已成连片之势，片区内有田丰合作社基地、城丰基地（入选大湾区"菜篮子"基地）、稻田养鱼示范基地、广鸿联民合作社基地、万鸿基地，合计种植面积667 hm²。西片地区主要是沙田镇、遥田镇，该地区较为偏远，交通不便，基本没有工业企业，目前有百香果、沙糖橘、奇异果、火龙果等近667 hm²果园基地，片区里有龙潭村百香果种植基地、天中村百香果种植基地、下埔村奇异果种植基地、江下荷花产业基地、新群村沙糖橘基地等。

现代农业提质增效。新丰炒青绿茶、少丰"菜心"等多个品牌获得国家级、省级奖项；沙田获评省级"一村一品、一镇一业"专业镇，14个村获评省级专业村。粮食产量稳定增长，建成高标准农田2 500亩，复耕复种撂荒耕地超1.3万亩。获评第二批国家森林生态道地药材产业基地试点建设单位。农业发展模式与时俱进，新丰县农业发展模式主要有"公司+合作社+基地+农户""公司+基地+农户+电商""社区支持农业""合作社+农户"代种代养等模式，充分发挥农业经营主体的辐射带动作用。实现规模化、集约化的产业有马头万亩蔬菜基地、沙田万亩百香果基地、黄佛手瓜和万亩茶叶基地。

农业产业化平台厚积薄发。茶叶产业园建设通过省级验收，蔬菜产业园入选2021年第一批现代农业产业园，茶叶、蔬菜种植面积分别超万亩、10万亩。2018年，在新丰县委、县政府的积极争取下，该县茶叶产业园获批为广东省级现代农业产业园，核心区域位于黄礤镇茶峒村、营盘村、雪峒村，主导产业为高山茶。目前，园区种植茶叶约1万亩，产品有绿茶、红茶、乌龙茶3个，年产量约32.50万kg，年产值约1.30亿元。2020年，园区带动约1 700户农户种植茶叶约2 500亩，直接带动就业约2 000人次，园区农民平均收入高于全县农民平均收入38.90%左右。新丰县蔬菜现代农业产业园以马头镇为核心区，规划种植面积约8万亩，以蔬菜作为主导产业，佛手瓜为特色产业，构建形成"生产、加工、物流、销售、旅游、品牌、科技"完整产业链体系。一是品牌突出，创建粤字号区域公用品牌1个；国家地理标志产品1个，广东省名牌产品和广东省名特优新产品12个。二是绿色发展，获得有机认证的产品2个，绿色认证产品7个；无公害认证产品12个。三是经营主体实力雄厚，集约经营，入园参与主导产业生产经营企业139家，其中国家级示范合作社1家、省级龙头企业3家，从事主导产业生产经营合作社94家、家庭农场5家。四是现有基础扎实，园区累计种植蔬菜面积达7.642万亩，已具备65.74亩建设用地条件。

8.3 生态产品价值实现有效路径

8.3.1 拓展多元化生态保护补偿机制

建立健全生态保护补偿机制。加强对全县生态补偿工作的组织领导，明确生态补偿的基本原则、补偿范围、资金来源、补偿标准等内容，探索推进以考核断面水质、生态保护红线区域面积、生态公益林面积、养殖强度、饮用水功能水库、基本农田等作为分配依据的流域生态补偿核算办法。结合粤北生态屏障的定位和新丰县实际对森林生态效益补偿、水生态补偿等提标扩面，争取开展水资源贡献率生态补偿试点。持续争取上级部门加大对新丰生态补偿的支持力度，争取江河湖库源头区、重点饮用水水源地等开展生态保护补偿试点。

加强生态保护立法，开征生态环境补偿（税）费。加强生态保护立法，将生态环境补偿（税）费纳入资源成本是建立和完善生态保护补偿机制的根本保证。要加快制定《生态公益林保护条例》，提高生态公益林建设管理的法律地位，使其有法可依。开征水生态环境补偿（税）费，实现水资源保护的可持续发展。

加大财政转移支付和区域统筹力度。以推进新丰江生态补偿为契机，争取逐年提高国家和省市对新丰县国家重点生态功能区的转移支付力度，完善生态保护成效与资金分配挂钩的激励约束机制。全面落实"谁受益，谁补偿"原则，把水生态环境补偿，特别是因保护水资源生态环境而造成的财政减收，作为计算财政转移支付资金分配的一个重要因素，提高对水资源保护区政府的财政转移额度，用于推进当地社会事业发展，完善基础设施建设，促进良性发展循环。充分发挥政府的宏观调控能力，加大辖区内部各区域间统筹。

加大对重点地区和重点项目建设扶持力度。对重点水资源保护区，要逐步加大生态公益林补偿力度和补偿范围，对无公害、无污染的绿色产业，特别是生态型号产业的发展，要给予更多的政策、税收、资金、土地以及科技等方面的优惠，同时做好各项政策的配套落实工作。制定相应的政策法规和保障措施，定向允许水源保护区和生态脆弱区前去招商引资和异地发展，并以发展所取得的回报返还利税支持该地区的生态环境保护和各项事业的发展，促进水资源保护工作的可持续发展。

因地制宜做好生态公益林补偿资金的到户工作。生态公益林资金的到户，对于保护群众利益、落实生态补偿政策和生态保护工作具有非常重要的意义。但在一些户均面积比较少、农民比较富裕的地区，要把补偿资金落实到户比较困难，要通过召开村民大会形成决议，采取留作公共积累或公共基金的形式，用于村集体管理和发展林业经济。

以生态经济理论为指导调整、优化城市产业结构和布局。要运用生态学原理，从实现经济建设中资源和能源的使用最优化、排放量最小化，同时对环境的改变尽可能小的原则出发，调整、优化工业产业布局，构建生态型现代工业城市。要扶持环保产业，服务于环保。大力发展生态农业，转变传统农业生产方式。

从建设生态文明城市体制出发提高城市环境管理水平。要提高市政、环卫、园林等公共设施行为市场化综合管理能力。实行合理收费、有偿服务的经济政策，提高城市供水价格和污水处理费，推行征收城镇垃圾处理费、危险货物处置费，使资源使用符合价值规律，减少城市生活污水、垃圾排放；运用市场经济手段，引导各所有制成分的单位、个人，通过招投标、入股等方式，参与城市园林、绿地养护，减少政府财政支出。加强对工业项目的宏观管理。提高城市生态管理的综合能力。

改进城市发展考核办法，增强城市建设综合决策能力。逐步采用绿色GDP指标来衡量经济增长速度，把经济发展对生态环境的破坏计入国民经济总体考核中。实施生态环境审计工作，把生态环境建设纳入领导政绩考核。逐步健全由政府领导，计划部门牵头，资源专业管理部门分工负责，环保部门统一监督的环境保护和生态建设体制，减少因重大项目决策失误带来的生态破坏问题。加大绿色GDP在干部政绩考核中的权重，建立科学的干部政绩考核内容体系，把落实生态环境保护工作作为干部政绩考核的一项重要内容，从制度上和根本上加以规范和矫正。

8.3.2 推动森林资源产品价值最大化

推进林下经济建设。立足新丰县山多林广的优势，积极发展林下种植、林下养殖、相关产品采集加工和森林景观利用等为主的林下经济。推进林业供给侧结构性改革，大力发展油茶、特色经济林、竹子花卉等特色产业，不断完善"公司+专业合作社+基地+农户"的产业化经营模式，形成龙头企业、专业合作组织辐射带动农民共同参与的林下经济发展格局，推动林下经济规模化、集约化、产业化经营。盘活国有林场资源，利用林场闲置用地及林下南药种植试点经验，在全县推广林下中药材种植，推动森林生态道地药材示范基地建设。通过标准化生产、建立产品质量标准和检验管理制度，推行追溯、组织展会、宣传推介等措施，打造一批具有新丰特色、有市场竞争力的林下经济品牌产品。

创新培育森林康养产业模式。立足新丰县优越的森林康养环境和森林康养资源，紧紧抓住"港珠澳大桥"和武汉—深圳高速公路通车带来的新机遇，大力推进森林康养、休闲旅游产业发展，加快云髻山旅游开发，力促岭南红叶世界项目开业。设立具有新丰森林康养特色的技术融合产业联盟会以及建立技术融合创新中心，为森林康养产业发展规范化、智能化、产业化打下基础。大力建设梅坑、黄礤2个全国森林康养基地试点建设试点镇，以及森林康养基地试点建设单位、中国森林康养人家、森林康养试点村、中国森林氧吧、森林康养特色小镇等重点项目。推动森林康养与健康、旅游、体育、教育、养老等产业融合发展，构建多层次、多样化、具有可持续竞争力的森林康养生产和服务体系。着力开展森林浴、森林步道、森林瑜伽、森林茶馆、森林食疗、药疗等体验项目，推出健康农产、休闲避暑、森林浴等避暑康养产品，提供多样化的森林康养服务产品。充分发挥中医药特色优势，大力开发中医药与森林康养服务相结合的产品。发挥广州—清远—韶关旅游区域联盟作用，积极与粤港澳大湾区其他地市文广旅体局建立旅游联盟，夯实"中国岭南避暑胜地"品牌基础，协同打造粤港澳大湾区森林康养优选地。

推动森林温泉康养互促联动。优化现有云天海温泉度假村、新丰江源温泉度假村业态，推进深业丰农生态温泉度假小镇、新丰温泉谷、松山温泉、咸水温泉等温泉资源开发，按照"温泉+森林""温泉+山水"的发展模式塑造"游原始森林，泡天然温泉"的主题形象，打造温泉养生休闲品牌，将新丰县建设成为粤港澳大湾区森林温泉康养理想圣地。

8.3.3 做精做优生态农产品金字招牌

打造"精优特"岭南优势产业廊带。围绕新丰"东菜、北茶、西果"产业发展布局，发展特色高效精致农业，建设优质稻、高山茶、特色果、错季菜、南药和放养鸡（羊、牛）等专业生产基地，大力发展高山茶叶、佛手瓜、油茶、美少女西瓜、高山花卉、土猪、蔬菜、百香果、火龙果、葡萄、砂糖橘、凉粉草、铁皮石斛等特色生态农业，2025年年底前建设20个标准化连片生产示范基地，打造"双区"的"茶罐子""菜篮子""水缸子""果盘子""药园子""米袋子""花瓶子"。抓好农产品"三品一标"，精心培育"新丰佛手瓜""新丰百香果"等区域公用品牌，打造30个新丰企业优质农产品品牌，推动优质农产品品牌率达到50%以上。加大对华瑞生态、大丰农场、城丰蔬菜等农业经营主体的推广宣传力度。落实粮食安全责任制，实施标准农产品、优质农产品等农产品质量标准与溯源体系，制定一批合格农产品和品牌农产品质量技术标准，实现龙头企业、合作社生产的优质农产品企业标准制定率达80%以上。

高标准建设现代农业园区。大力开展现代农业园区创建工作，建设"多维多镇"产业平台，打造农业经济主战场，重点建设新丰茶叶现代农业产业园；持续推进茶叶产业园扩容提质，完成茶叶农产品地理标志申报；规划建设蔬菜特色产业现代农业产业园、岭南水果产业园、兰花优势产区现代农业产业园等园区。进一步完善园区建设投入机制，建设一批上等次、上规模、有效益的生态农业项目。加快推进德康集团30万头生猪产业化项目、正邦集团20万头生态农业养殖一体化项目建设，力促现代种养业发展。

开展"农业+"融合发展行动。推动农村第一、第二、第三产业融合发展，着重培育农村新产业新业态，促进农产品精深加工和电商物流融合发展。推动美丽田园综合体、现代农业产业园等农业发展新载体建设，建设10~20家"三美"（美丽田园、美丽家园、美丽村寨）农旅综合体或研学基地，力促深圳农科集团高科农业示范区项目动工，大力提升农业附加值。

第9章

生态文化旅游模式实践——以韶关市仁化县为例

仁化县巧妙依托丹霞地貌自然资源和红色革命历史人文资源，创新实践集观光、教育、体验于一体的生态文化旅游模式，促进旅游多元业态融合，激发文旅产业活力，实现生态资源的有效保护与合理利用。

9.1 区域概况

9.1.1 区位概况

广东省韶关市仁化县地处广东省最北部、南岭山脉中段，位于东经113°30′~114°02′，北纬24°56′~25°27′，北邻湖南省汝城县，南毗韶关市区，东接江西省崇义县、大余县，是粤、湘、赣三省交接地，有一脚踏三省，鸡鸣三省闻的地理优势，是广东省"北大门"。全县总面积 2223.22km²，以山地丘陵为主，其中山地约占70%、丘陵约占20%、小平原占10%。仁化县境内的世界自然遗产地丹霞山是我国"丹霞地貌"的命名地，被称为中国的"红石公园"，以"雄、奇、险、秀、幽"为特点，有"万古丹霞冠岭南"之美誉。

9.1.2 自然资源

9.1.2.1 森林资源

仁化县是广东省重点林业生态县，有"八山一水一分田"之称，森林资源极其丰富。全县林业用地面积18.33万hm²，占全县国土总面积的82.45%，森林覆盖率80.78%，活立木蓄积量1 291.77万m³。境内地带性植被为亚热带常绿阔叶林，以蕨类、芒类、蔓生莠竹居多；分布有国家重点保护的野生植物，如南方红豆杉、篦子三尖杉、杪椤、半枫荷、观光木、丹霞梧桐、短萼黄连、巴戟天、水松、油杉等。

9.1.2.2 土地资源

仁化县土地资源相当丰富，人均土地拥有量约0.9hm²。全县有耕地2万多hm²，土地肥沃，灌溉条件良好，少风、水、旱灾害。县域土壤属中亚热带红壤地带，全县有土类6个，亚类12个，土属27个，土种55个，自然土（黄壤土和红壤土）、旱耕地、水稻土构成了本县重要的土壤资源。主要土壤类型是黄岗岩、砂页岩等岩石发育而成的土壤，有机质含量2.50%（三级）以上的占80.02%，土体较深，水湿条件较好，植被覆盖良好。

9.1.2.3 水资源

仁化县境内有流域面积100km²以下一至三级支流约120条，流域面积100km²以上河流有扶溪河、城口河、塘村河、董塘河，呈树枝状分布在锦江干流上。仁化县水资源分区为浈江分区。因地理位置的关系，仁化县河流基本上处于各条河流的上游，相对于入境水量，全县出境的水量却很大。全县多年平均年入境水量仅1.82亿 m³，而多年平均年出境水量却达23.62亿 m³，出境水量主要沿锦江流入浈江区。

9.1.2.4 矿产资源

仁化县矿产资源丰富，是中国"有色金属"之乡。探明和开发矿藏主要有铅、锌、钨、铁、铜、铀、锰、锡、硅石、磷、水晶、花岗岩等51种，其中，探明铅锌矿地质储量3 473.50万 t；原煤探明储量6 000万 t；优质黄岗岩储量1亿 m³，铌、钽稀土矿资源丰富，具有可开采价值。境内有全国最大铅锌矿生产企业凡口铅锌矿、世界领先生产设备技术锌冶炼企业丹霞冶炼厂和中核韶关市锦原铀业有限公司。煤炭资源丰富，蕴藏量位列全省第二位。

9.1.2.5 动植物资源

仁化县境内野生动植物资源丰富。县境内野生动物资源6纲52目290科1 126属1 553种。国家一级重点保护动物有华南虎、豹、云豹、林麝、金猫、黄腹角雉等14种；国家二级重点保护动物物种主要有短尾猴、小爪水獭、水獭、斑林狸、斑羚、鬣羚等53种。境内国家重点保护野生植物计34种。其中国家一级重点保护野生植物有南方红豆杉、伯乐树、银杏、水松、水杉、中华水韭等6种；国家二级重点保护野生植物28种。

9.1.2.6 旅游资源

仁化境内有世界自然遗产地、世界地质公园、国家5A级景区、国家级重点风景名胜区、国家级地质地貌自然保护区——丹霞山，国家级水利风景区——丹霞源水利风景区，全国历史文化名村、国家3A级旅游景区——石塘古村，国家级重点文物保护单位——双峰寨，省内唯一的唐代古塔、国家级重点文物保护单位——云龙寺塔等；有唐、宋、明、清历代不同风格的14座宝塔，有中国"古塔之乡"的美誉。

此外，仁化县是广东省革命老区，具有丰富的红色旅游资源。境内有双峰寨、铜鼓岭革命烈士纪念园、谭甫仁将军故居、中山公园等红色资源。2020年，仁化县成功入选全国第二批革命文物保护利用片区分县名单，有广东省唯一以红军长征为主题的红军长征粤北纪念馆，革命遗址逾380处，有史记载的红色革命遗址达210多处，其中重点革命遗址82处，省级中共党史教育基地4个（含遗址群1个）。

9.1.3 社会经济

2021年，仁化县实现地区生产总值111.43亿元，同比增长8.10%。其中，第一产业增加值为23.70亿元，增长5.40%，对地区生产总值增长的贡献率为15.40%；第二产业增加值为45.35亿元，增长10.50%，对地区生产总值增长的贡献率为48.90%；第三产业增加值为42.38亿元，增长7.30%，对地区生产总值增长的贡献率为35.70%。第一、第二、第三产业结构由2016年的20.3∶36.5∶43.2调整为2021年的21.3∶40.7∶38。

现代农业提质增效。仁化县农业绿色转型步伐明显加快，综合效益稳步提升。贡柑产业是仁化县农业的拳头产业，是农民增收致富的重要经济来源。成功申报仁化贡柑中国特色农产品优势区，荣获全国数字农业农村发展先进县。全县累计有"三品一标"产品认证48个，广东省名牌农产品17个，广东省十大名牌2个，省级名特优新农产品区域公用品牌5个、经营专业品牌4个，省级著名商标2个。仁化白毛茶、长坝沙田柚被选为国家地理标志保护产品，长江镇荣获国家林学会颁发的"中国毛竹之乡"称号。全县建有3个万亩绿色生态沙田柚、贡柑、茶叶生产基地，主要农产品抽检合格率稳定在98%以上。

生态工业发展初见成效。仁化县按照"一线两带两区"建设布局，着力打造董塘凡口绿色工业园区，推进中金岭南有色金属绿色循环产业示范园区建设，推动凡口、丹冶等重点骨干企业技改扩产、提质增效、协助凡口尾矿资源综合回收、采掘废石资源化利用以及丹冶炼锌渣等重点项目建设，积极推进有色金属产业转型绿色升级发展，综合利用尾矿、废石等材料，做优做精做强有色金属核心支柱产业。拥有高新技术企业14家，省级工程技术研究中心3家，2020年研发经费占GDP比重的0.65%。光伏发电产业作为仁化县新能源产业代表，2019年光伏发电增加值占电力行业增加值的28.56%，能源结构逐步由传统的水、火电结构向水、火、光伏、生物质等多种结构转变。

全域旅游加速融合发展。全域旅游发展迅速，成功创建国家全域旅游示范区，建成广东省最美乡村旅游公路——"阅丹公路"和环丹霞山"万里碧道"。全县拥有省级休闲农业与乡村旅游示范镇2个，省级示范点7家，规模以上休闲农业、乡村旅游企业145家，农业观光采摘园523家，休闲农庄216家。建成黄坑贡柑、大桥长坝沙田柚、红山茶叶、扶溪鸭稻四个集现代农业生产示范、生态农业旅游观光、农业科普教育和推广、生态休闲度假等于一体的万亩农业生态观光园。

9.2 生态产品价值实现探索成效

9.2.1 丰富生态旅游模式，实现生态产品价值增值

9.2.1.1 推进环丹霞山美丽乡村连片创建

2018年以来，依托世界自然遗产地丹霞山，根据省、市提出连点、

连线、连片发展环丹霞山美丽乡村的要求，仁化县大力推进环丹霞山生态宜居美丽乡村连片创建工程。现已发展了400余家丹霞特色民宿客栈、120余家乡村农家乐。阅丹公路获评"广东最美旅游公路"，环丹霞山生态休闲美丽乡村线路成功入选"广东美丽乡村精品线路"。

阅丹公路以及环丹乡村道路连片建设联通了环丹各个村庄，将景点串珠成链，丰富了游客旅游体验，助推仁化县全域旅游发展。通过打造环丹片区内环、外环两条交通纽带以及水路交通，整体推进环丹村庄连片发展。内环线提升方面，环丹6条县、乡道路完成提升改造，修缮了古驿道及沿线驿站、休息亭、小游园等；外环线提升方面，国省道仁化路段及环丹道路沿线多层次、多色彩密植乔灌木及草本花卉，形成花木指路、移步换景的景观长廊；水路交通方面，省级"万里碧道"环丹霞山段、董塘河碧道等通过水路双游，将丹霞山、红色旅游河美丽乡村等全域优质旅游资源深度串联，实现生态游、文化游与乡村游的有机融合。

9.2.1.2 大力发展红色旅游线路

为了大力发展红色旅游线路，仁化县规划了五条旅游精品线路，即融合"绿"（丹霞山、万里碧道董塘河段、扶溪梯田、红山茶园）、"红"（红军长征粤北纪念馆、铜鼓岭红军烈士纪念园、城口红色小镇、双峰寨、安岗村）、"古"（石塘古村、恩村古村、上寨古村）、"文"（瑶塘新农村、凡口国家矿山公园、中山公园、广州会馆）等为主题的红色旅游线路。其中，丹霞红色文化旅游线路入选"广东省乡村旅游精品线路"。

同时，通过整合全县资源，仁化县规划打造了仁化红军长征历史文化游径、"览绚美大丹霞，品乡村古神韵""寻根粤北红色之源，探秘仁化竹海茶乡"、阅丹美丽乡村、红色乡村等生态、文化、红色研学旅游线路，其中3条线路被评为省级旅游线路。仁化县完成了铜鼓岭红军烈士纪念园、红军长征粤北纪念馆、城口历史文化特色小镇、省定党建示范工程第一批"红色村"示范点董塘镇安岗村等项目建设，连续多年举办红色古驿道·迷你微长征徒步活动，树立仁化红色品牌。

9.2.1.3 积极打造全域旅游品牌建设

环丹霞山生态宜居美丽乡村连片建设，实现了区域内旅游及有关资源的有机整合、旅游和相关产业深度融合发展并带动经济、社会、文化、生态全方面发展，提升了仁化县旅游业的发展水平，全域旅游品牌知名度得到明显提高。"旅游+体育"方面，成功举办南粤古驿道定向大赛、自行车绿道联赛、徒步穿越丹霞、丹霞山国际马拉松等大型赛事活动。"旅游+科普"方面，充分利用丹霞山自然学校、南岭生态气象中心科普教育基地等资源，发展研学科普教育旅游。丹霞山、丹霞印象、城口历史文化特色小镇等11个点被评为韶关市中小学研学实践教育基地。"旅游+农林"方面，打造了长坝沙田柚、黄坑贡柑等一批生态观光采摘园，评选了首批20家"森林人家"和"最美茶园"。

2019年，仁化县登榜"中国县域旅游竞争力百强县市"。金喆园、广东凡口国家矿山公园获评国家3A级景区；金果农业生态园等9个点成功创建韶关市"休闲农业和乡村旅游示范点"；瑶塘村被评为首批"全国乡村旅游重点村"；石塘村、瑶塘新村被评为首批"广东省文化和旅游特色村"，扶溪镇成功创建广东省休闲农业和乡村旅游示范镇；夏富村、瑶塘新村成功创建休闲农业和乡村旅游示范点。

9.2.1.4 推动森林康养产业化融合发展

仁化县属亚热带季风气候，常年气候温和湿润，雨量充沛，森林旅游资源绚丽多彩、温泉资源得天独厚。仁化县借山水之灵气，绘发展之胜景，积极谋划和推进森林康养产业发展。

依托丹霞山发展大旅游产业，仁化县在环丹区域带动了以民宿、生态采摘、农事体验和农家乐为主的乡村森林人家旅游业发展，形成了产业经济效益的主导型经营模式，集游憩、度假、疗养、保健等功能于一体的森林康养基地初具雏形。2020年，韶关灵溪河森林旅游度假公园、韶关金喆园、仁化县红城林场3家企业被认定为韶关市森林康养基地，其中，红城林场同时被认定为省级森林康养基地（试点）单位，城南森林公园被认定为省级自然教育基地。目前县级以上9家森林人家实现产值2 650万元，有一定规模的农家乐15家，农林产品采摘、康养休闲体验、科普教育项目等活动为游客提供了更为优质的服务，2021年经营产值达3 370万元。

9.2.2 推进农业现代化，拓展"绿富双赢"发展路

作为农业农村部认定的第二批国家现代农业示范区，仁化县以建设国家现代农业示范区为抓手，突出地域特色和优势，大力发展贡柑、沙田柚、茶叶、铁皮石斛等优势主导产业。目前已建成广东省最大的贡柑种植基地以及年产优质石斛种苗3 000万丛的育苗基地；发展何首乌、金线莲等南岭特色中草药种植基地66.67hm^2。全县4个农产品入选国家农产品地理标志保护，拥有省级和粤港澳大湾区"菜篮子"基地9个，"粤字号"农产品26个，"一镇一业、一村一品"省级专业镇（村）27个，认定个数位居全省前列。

一是做强富民兴村产业。实施"产业选优、质量控好、品牌做强"策略。重点扶持发展"丹霞贡柑""长坝沙田柚""红山白毛茶"等优势特色产业，构建乡村产业特色化发展格局。完善丹霞贡柑品控中心、

长坝沙田柚加工物流集聚区等配套设施，加快形成"生产+加工+销售+管理+品牌"于一体的现代农业综合体。强化营销管理，培育一批具有鲜明地域特色的农产品品牌。其中，红山镇依托省级"一村一品、一镇一业"专业镇为载体，打造了"丹霞功夫""黄岭嶂"等丹霞茶系列品牌，形成工厂化制茶、茶园观光、采摘体验、茶养生等产业链，有效辐射带动全镇茶叶产业发展。

二是打造农业全产业链。仁化县坚持贡柑、茶叶、毛竹等农产品全产业链开发，构建集加工、物流、冷链等于一体的现代加工物流市场体系，建立了"直播+电商+网红带货"的电商模式，拓宽农产品销售渠道。现已打造了科技设施先进、产业链条完整、产销对接顺畅的国家现代农业示范区、柑橘省级现代农业产业园，示范带动全县现代农业发展。

三是建设现代农业经营体系。围绕农业龙头企业、家庭农场和农民合作社、利益联结模式等三方面，积极培育新型农业经营主体，探索"资源变资产、资金变股金、农民变股东"的发展模式，鼓励龙头企业创办或领办各类专业合作组织，培育农业产业化联合体，发展订单农业、就业带动、保底分红、股份合作等形式，将农民嵌入现代农业产业链、更多分享乡村产业增值收益。目前全县发展农民专业合作社338家、家庭农场370家、省重点农业龙头企业5家、县级和市级农业龙头企业37家。

9.2.3 发展特色经济林，打造林业生态新高地

仁化县林业生态系统资源较丰富。全县森林覆盖率达到80.78%，林木绿化率达到81.17%，林业用地面积占国土面积的82.43%。近年

来，仁化县大力发展林下经济，坚持因地制宜、突出特色、规模发展的原则，引导山区林农种植林果、油茶、茶叶、木本药材等特色经济林。2018年仁化县被广东省林业厅评定为"广东省林下经济示范县"，是韶关市唯一入选县（市、区）；仁化县红山镇富农茶叶专业合作社被认定为"广东省林下经济示范基地"。

目前仁化县已初步形成了林茶、林果、林药、林菌、林蜂等林下种植经济发展模式，铁皮石斛、灵芝、白毛茶、沙田柚等优质产业持续发展，乡村休闲游、生态康养游为林下经济的发展注入了新的活力和动力，林下经济高质量发展成效显著。2021年，全县林下经济经营总面积达62.51万亩，年总产值70 123万元，较上年增长5.73%。

林果产业：以贡柑、沙田柚、山楂、奈李等为主的林果模式经济产业蓬勃发展，已成为仁化县农村脱贫致富的支柱产业，也是县域经济发展最具潜力的经济增长点，"一镇一业"已初步形成。全县林果总面积约8.29万亩，总产值约3.43亿元。

茶叶产业：仁化白毛茶是岭南白毛茶的故乡，目前全县白毛茶种植面积1.49万亩，年产值达到6 374万元。仁化县做强做精茶产业文章，现有注册茶叶企业9家，其中，市级龙头企业3家，县级龙头企业2家，农民专业合作社23家，带动农户增收致富。

笋竹产业：仁化县现有各类笋用或笋竹两用林约36万亩，年产鲜笋6 400t，总产值11 241万元。

药材产业：近年来，仁化县南药种植产业兴起，主要以丹霞铁皮石斛、何首乌、草珊瑚、阳春砂、吴茱萸、山苍子等种植为主。在药材采集项目中，鸡血藤、草珊瑚产品增长明显。2021年全年中药材产值达到2 105万元。

油茶产业：仁化县现种植油茶面积4.23万亩，2021年产油茶籽6 585t，总产值3 774万元。

此外，仁化县制定了《仁化县林下经济示范项目实施方案》，从资金上帮助和扶持林下经营企业、专业合作社等经营实体。推进"龙头企业+专业合作社+基地+农户"市场化运作模式，推动全县林下经济集约化、规模化、标准化、产业化发展。在发展香菇、茶叶、林果等传统优势产业的同时，引进适宜仁化种植的何首乌、阳春砂、草珊瑚、吴茱萸等南药种植新产业在仁化落地生根，鼓励支持大果山楂等林果产业稳步发展，鼓励林下养蜂、养禽，立体开发林下经济。提升林下产品的附加值，研制开发了铁皮石斛酒、石斛茶叶、蓝莓果酒、果酱、沙田柚果酒、果酱等一系列林业生态产品，"山楂大叔"创办的山楂加工企业已正式投产。全县已成立山楂、茶叶、南药、养蜂等各类林业专业合作组织92家，其中省级示范合作社2家，家庭林场40家，省级示范家庭林场3家。经营主体辐射带动林农人数逾1.3万户，林下经济成为仁化经济发展的重要产业。

9.2.4　筑牢生态屏障，增强生态产品供给能力

9.2.4.1　全面推进环境治理

"十三五"期间，仁化县坚持以污染防治攻坚战为抓手，生态环境质量持续改善。近五年来国家重点生态功能区县域生态环境质量考核位列全省前列。环境质量优良天数比例从2016年的92.96%提高到2021年的99.20%，空气质量综合指数全市排名第二。严格落实河长制，扎实推进中小河流治理和"万里碧道"建设，加强自然保护区和饮用水水源地的保护，集中式饮用水源地和江河断面水质达标率均

为 100%。

9.2.4.2 持续加强林业生态建设

仁化县深入贯彻落实绿美南粤行动方案，积极参与广东绿化大行动，真抓实干开展生态景观林带建设、碳汇造林、封山育林、乡村绿化美化、森林公园建设等林业重点生态工程建设。天然林资源得到了休养生息，人工林资源得到了快速发展。"十三五"期间，仁化县共完成碳汇造林 13 530 亩；森林抚育 248 446 亩；碳汇林抚育 70 088 亩；生态景观林抚育 1 350 亩；完成仁化县 2019—2023 年度重点防护林体系工程珠江防护林封山育林建设项目 71 029 亩；完成建设乡村绿化美化示范点 83 个；完成全民义务植树乡村景观路绿化 41.08km；全县完成义务植树折算总株数 281.673 万株，义务植树基地建设 48 个，面积 4 209.60 亩。建成丹霞街道麻塘村、董塘镇大井村、城口镇恩村等 6 个绿美古树乡村。

9.3 生态产品价值实现有效路径

9.3.1 推动大丹霞旅游提档升级

着力打造"大丹霞——中国红石公园"旅游品牌。以国家公园品牌的构建和功能注入，强化丹霞山品牌要素，加大核心旅游区的带动力和影响力。以市场化改革为方向，加快理顺丹霞山管理体制，明确仁化县政府、丹霞山管委会、丹霞山公司三方关系。

加强丹霞山旅游资源整合，最大限度发挥旅游产业集聚链效应，围绕大丹霞周边布局健康养生、户外运动、生态观光休闲、岭南文化体验等旅游业态，联合打造"环丹产业综合体"。

在不破坏丹霞山自然生态环境的前提下，打造丹霞特色旅游产品，引进社会资本开发建设特色民宿、精品度假酒店、国际会展中心和葡萄酒庄等，重点加快丹霞山度假酒店等项目建设，推动丹霞山旅游业态由传统的观光游向休闲度假游、文化体验游、研学旅游转型，力争丹霞山接待游客人次走在同类景区前列。全面提升基础工程，进一步完善旅游公路网络，提升阅丹公路配套设施和整体环境，加强旅游配套服务设施建设，积极打造丹霞生态景观长廊，推进丹霞山正北门、东南门和沿线驿站建设，丰富丹霞山旅游产品层次和阅丹公路旅游业态。

推动产业集聚，打造丹霞山外围旅游产业集群，加强外围多功能设施配套与产业联动，促进阅丹公路沿线一产和三产融合发展，延伸产业链条，实现"山城融合"。

9.3.2 打响"红色仁化"旅游品牌

充分挖掘红军长征粤北纪念馆、谭甫仁将军旧居、铜鼓岭红军长征纪念碑、红山长征革命烈士纪念碑、红山红军桥、石塘双峰寨、董塘红色安岗等红色文化，把红色旅游资源开发与文化名村、风景名胜区、生态景区、革命老区、民族地区等建设相结合，推动红色旅游景区建设。把红色文化资源挖掘保护"活化"与红色精神弘扬传承相结合，加快推进长征国家文化公园（仁化段）建设和南粤古驿道的修复"活化"利用，规划打造微长征研学旅游区，继续开发以红军长征粤北纪念馆、双峰寨为主的红色教育研学路线，讲好红军军民感人故事，丰富提升红色旅游精品线路和乡村旅游精品线路内涵，打响"红色仁化"品牌。

以温泉度假为产业支柱，打造"红色+温泉+古村"乡村旅游产业链，推动城口红色小镇发展，将其打造成全省乃至粤、湘、赣三省的红色教育基地，辐射带动周边红色旅游资源开发。从内部空间联系、对外营销等方面加强石塘古村与双峰寨的联系，丰富红色旅游业态，丰富村内的红色文化展览，发展富有红色文化的特色餐饮及住宿，打造省市级红色爱国主义教育示范基地。结合仁化白毛茶、城口红军特色小菜、优质柑橘、石塘堆花米酒、马蹄、贡柑、董塘蔬菜、花卉、乳鸽等特色产业，打造红色休闲农业采摘区。加强仁化红色旅游资源优化，整合推出红色主题、红色旅游品牌文旅节庆活动，打造一批精品红色旅游产品。

9.3.3 促进旅游多业态融合发展

加快发展生态康养旅游。依托丹霞山、禅宗文化、温泉资源等资源基底，引入养生健康企业，结合传统中医健康养生理念，大力发展禅修养生、私密度假、休闲养生、康体运动、医疗科普等旅游产业。培育完整、交融、互动的健康旅游产业体系，包括医疗和养老服务业、健康教育产业、健康旅游业、养生度假业等。重点依托环丹生态旅游产业园，吸引大型疗养度假机构进驻，建设健康管理中心、公园式医院等设施。引入健康产业运营商，探索与已涉足健康产业的金融、技术平台对接、合作，由专业运营机构对接全球前沿技术、市场，争取快速落地。引进康养式医疗服务机构，建设集中医诊疗、中医理疗、养老、度假等业态的公园式中医院。

积极发展生态工矿旅游。推动凡口矿区及坪岗工业园开发工业旅游，充分利用废弃矿洞、矿井，开发参观型、参与型、自助型等一批工业旅游项目。开发设计矿区旅游观光线，融入高科技、数字化解读展示。推动国家矿山公园建设进程，加快凡口国家矿山公园博物馆向公众开放，开展中小学生科普教育活动。充分利用公共游憩空间，常规化组织工矿业公共艺术展览。推动凡口国家矿山公园建设成工业遗产特色展示区，完善基础服务配套设施建设。

加快发展生态乡村旅游。依托丹霞山世界级5A景区和红军长征粤北纪念馆，整合全域旅游文化资源，打造农旅产业集群，建设一批主题公园、休闲农业、田园观光等项目，扶持建设一批具有历史、地域、特色的休闲农业与乡村旅游示范镇、示范点，串珠成链，打造精品农旅观光路线。围绕采摘游玩、农耕体验、科普认知、休闲度假等主题活动，规划打造以体验乡村生活情趣为主的"乡村游"、以展现现代农业技术为主的"科普游"、以红色文化、主题教育为主的"红色游"、以采摘体验为主的"农事体验游"等一系列休闲游乐为主的环丹、红色、生态农业观光旅游带。

积极培育特色文化旅游。深入挖掘韶乐文化、红色文化、客家文化、古驿道文化、移民文化、古塔宗祠文化、古村落乡村文化等大丹霞文化内涵，激活环丹地区的文化基因，把丹霞山逐步打造成为文化名山。激活环丹地区的文化基因，拓展休闲观光、人文体验、文体教育等具象化体验功能，"活化"和传承丹霞山旅游文化。推动夏富古村、牛鼻村发展博物馆式民宿集群和民间手工艺展览，重点发展土法造纸、石塘堆花米酒等民间手工艺。在保护仁化县内非物质文化遗产如"装故事""月姐歌""走马灯"等，以"活化"形式找到仁化县非遗与现代生活的契合点，通过节庆活动、影视演艺、工艺创新、科普研学等形式，保持非物质文化遗产的生命力。重点发展丹霞山户外实景演出、锦江水上灯光秀。

第10章

生态健康产业模式实践——以乳源瑶族自治县为例

乳源瑶族自治县深度挖掘瑶医药等传统生态健康文化资源,大力发展绿色有机农业及康养旅游业,形成了一条以生态优势带动健康产业发展的新模式。这一模式既守护了瑶乡的绿水青山,又激活了生态产品的经济价值,为民族地区可持续发展提供了成功范例。

10.1 区域概况

10.1.1 区位概况

乳源瑶族自治县位于广东省韶关市区西部,介于北纬24°23′~25°33′,东经112°52′~113°20′。东邻韶关市武江区,西连清远市阳山县,南毗清远英德市,北与乐昌市接壤,是广东省3个少数民族自治县之一,是中国四大瑶族支系之一过山瑶的祖居地之一。县域总面积2 299km²，东西宽约59.50km，南北长约74km。乳源瑶族自治县山区平均海拔1 000多m，广东省第一山峰石坑崆海拔1 902m，就在乳源瑶族自治县境内，拥有广东省最完整、最大片的原始森林——南岭国家公园和天井山国家森林公园，拥有南岭国家公园三分之一的面积，保存着最完整的自然生态系统，是广东省陆地森林树种最多的县，被誉为"世界过山瑶之乡""粤北瑶山的一颗明珠"。

10.1.2 自然资源

10.1.2.1 森林资源

乳源瑶族自治县森林资源优质丰富，是广东省重要的林业基地之一。全县林地总面积19.48万hm²，其中，生态公益林122.27万亩，商品林108.20万亩；森林覆盖率78.26%，森林蓄积量1 326.16万m³。已建立1个国家级自然保护区（广东南岭国家级自然保护区），1个国家级森林公园（广东天井山国家森林公园），成功申报南水湖为国家级湿地公园。其中广东南岭国家级自然保护区是全省最大的国家级自然保护区，有广东唯一的原始森林，被誉为"生物多样性特丰之地"；广东天井山国家森林公园是全省拥有较大原始森林面积的森林公园之一，素有"广东的西双版纳"之称。

10.1.2.2 水资源

乳源瑶族自治县地处亚热带季风性气候区和广东第一高峰山脉南缘，季节性降雨明显，水资源十分丰富。境内共有武江、南水河、大潭河等大小河流11条，集雨面积35km²以上的河流有9条，水力资源理论蕴藏量56.25万kW，人均水电资源蕴藏量2.76kW，居全省第一。饮用水水源地水质优良，水质为Ⅰ级，是韶关市的战略备用水源，全部水域划分为广东省一级饮用水水源保护区。南水水库是广东省第三大人工水库，水质优良，是韶关市区供水的主水源。

10.1.2.3 生物资源

乳源瑶族自治县拥有广东省最大的自然保护区、珍稀动植物宝库——广东南岭国家级自然保护区，被誉为"生物多样性特丰之地"。保存着南岭山地最为完整的原始森林和森林生态系统，植被垂直带谱明显，主要植被类型有常绿针叶林、常绿针阔混交林、丘陵低山常绿阔叶林、山地常绿阔叶林、山地常绿落叶阔叶混交林、山顶阔叶矮林、山地灌丛、草坡等，是研究南岭山地植被分布的天然参照物。

境内发现野生植物共计216科946属2 572种，其中药用植物120科324个品种，蕨类植物43科100属211种，裸子植物9科22属32种，被子植物164科824属2 329种，约占广东省已查明野生维管束植物总数的36%。乳源瑶族自治县野生动物资源丰富，境内野生动物多达1 500种。其中，较大的野生动物700多种，其他较小的野生昆虫类超过1 100种。

10.1.2.4 旅游资源

乳源瑶族自治县民族风情独特浓郁，旅游资源得天独厚，是广东省旅游资源较丰富的县（区）之一，是集民族风情、名山秀水风光、生态休闲于一体全域旅游的度假胜地。拥有南岭国家森林公园、广东大峡谷、必背瑶寨、云门寺佛教文化生态保护区、广东乳源南水湖国家湿地公园等10多个旅游景区，其中包括国家级湿地公园1个、国家级森林公园2个，国家3A级旅游景区5个、国家4A级旅游景区4个。积极举办瑶族"十月朝"文化旅游节、南粤古驿道定向大赛、西京古道徒步行等节庆赛事活动，打造了"瑶寨之旅、生态之旅、禅宗之旅、科普之旅"等知名旅游品牌。拥有丽宫国际旅游度假区、蓝山源岭南东方温泉酒店、白云天园林宾馆等近10家三星级以上酒店，每年吸引了数以百万计的游客前来观光旅游、休闲度假。近五年来，乳源县接待游客1948万人次，旅游综合收入达到168亿元，已成功创建广东省全域旅游示范区。

10.1.3　社会经济

作为少数民族县和国家级重点生态功能区，乳源瑶族自治县近年来充分利用民族地区和生态地区政策，经济发展实现跃升。"十三五"期间地区生产总值年均增长7.35%；人均地区生产总值5.08万元，年均增长6.89%。深入推进供给侧结构性改革，以生物制药、高新材料、总部经济、生态文化旅游、现代农业等为重点，第一、第二、第三产业结构从"十三五"初期的11.1∶44.7∶44.2调整为9.1∶46.3∶44.6，县域高质量发展步伐不断加快，逐步迈向少数民族自治县前列。

特色工业稳步发展。以东阳光为龙头的特色工业实力较强，工业主导产业有电力生产及供应业、铝箔电子材料、新型化工材料、电子信息零部件、生物制药、新能源等产业集群。2016—2022年，乳源瑶族自治县工业产值由28.12亿元提升至55.49亿元，规模以上工业企业单位由2016年的69家减少为2019年的59家，2018年间约四分之三的规模以下工业企业被关停。全县共有高新技术企业34家，占全县规模以上工业企业的82%，排名全市第一。乳源东阳光药业有限公司建成全市首个县域产值超百亿元的产业集群，获评全省制造业发展较好县。

现代农业提速发展。以推进农业供给侧结构性改革为主线，坚持质量兴农、绿色兴农、品牌强农，打造岭南水果、高山蔬菜、瑶山茶叶、瑶医瑶药、稻田养鱼等特色精品农业，成功创建瑶药、油茶省级现代农业产业园，全国中药材仓储物流广东区（乳源）基地揭牌运营。全县累计培育新型农业经营主体1 013家，"一村一品、一镇一业"项目33个，新增国家级专业镇1个、省级4个、省级专业村20个。2022年农业增加值11.12亿元、增长15.90%。水果、中草药实现大幅增长，水果产量增长69.40%，中草药产量增长139.30%。

10.2 生态产品价值实现探索成效

10.2.1 瑶乡特色产业富民惠民

近年来，乳源瑶族自治县围绕建设"粤港澳大湾区康养优选地"的目标，将打造以中草药（瑶医药）为主体的大健康产业作为战略性新兴产业来培育，大力发展中草药种植、生物制药、医疗器械、保健品、康养休闲、生态旅游等产业。

10.2.1.1 打造瑶医药大健康产业

乳源瑶族自治县位于北纬24°，山区平均海拔1 000多m，低纬度高海拔地域特点突出、中草药资源丰富，被誉为"南岭明珠、物种宝库""广东天然药库"。据统计，全县共有719种中草药被收录在国家中草药资源数据库中，其中52种中药材属于国家重点药材目录，瑶医瑶药等特色优势明显。目前，乳源中药材种植面积便达5.5万亩，建成各类标准化种植基地52个，中药材产值近8.8亿元。

一是瑶药品牌价值持续提升。近年来，乳源瑶族自治县借助"世界过山瑶之乡""大南岭生态文化旅游"品牌等亮点名片，围绕"一镇一业、一村一品、多村一品"发展战略，积极引导企业加强农产品品牌培育和保护，增强市场竞争力。目前，产业园瑶药产业的涉农注册商标10余个，培育了"东阳光药""瑶森""龙樟金花""万龙香""精润"等一系列名优农产品品牌。同时，通过搭建农产品贸易网络，借助农民丰收节系列活动、粤北（乳源）农特产品博览会、瑶族"十月朝"文化旅游节等活动，多途径、多样化创新瑶药产业品牌营销推广方式，积极拓宽粤港澳大湾区市场，为产业品牌的塑造培育提供了良好平台。

二是瑶药经营主体实力强劲。乳源瑶族自治县目前从事中草药材种植的家庭农场、专业合作社、企业等新型经营主体不断涌现。全县具备生产物流基础的瑶药生产加工龙头企业50家以上，初步形成了农产品加工集群，产供销一体化发展。瑶药产业园内拥有上市公司及其子公司3家，国家级重点龙头企业1家，国家高新技术企业2家，以及各类瑶药生产加工企业、合作社、家庭农场等40多家。依托龙头企业等实力新型经营主体的带动，产业园中草药材采摘后商品化处理、储藏、加工、营销、物流及金融等社会化体系不断完善，瑶药产业化、规模化经营水平不断提高。

10.2.1.2 构建精致农业产业体系

一是着力优化调整农业产业结构。乳源瑶族自治县围绕北部生态农业区定位和服务粤港澳大湾区建设的战略部署，按照精致农业高质量发展要求，坚持质量兴农、绿色兴农、科技兴农、品牌强农，制定"一片两带"特色优势农产品布局方案，调整优化农产品区域布局、产业结构和产品结构，不断提升农业生产经济效益。高水平推进南岭蔬菜、瑶药、油茶3个现代省级农业产业园建设，创建国家级农业产业园，打造一批产值超亿元的农业特色产业集群。建成特色瓜果、绿色蔬菜、高山茶叶、中药材等绿色食品基地18个，注册农产品商标35个，"三品"认证产品数量33个，成功创建国家农产品质量安全县，荣获"全国绿色食品示范县""中国绿色名县""中国果菜无公害十强县"等称号。全县农产品精深加工和冷链配送不断加强和完善，逐渐成为粤港澳大湾区"菜篮子""果盘子""米袋子""茶罐子"，精致农业的增加值占第一产业增加值的40%。

二是大力培育壮大新型农业主体。按照做大做强龙头企业、做优做活农民合作社、做专做精家庭农场的思路，以推进小农生产与现代农业有机衔接为导向，加快壮大新型经营主体。制定出台政策鼓励发展壮大新型农业经营主体措施，实行领办股份制经营主体、代种代养等形式，逐步培育壮大一批产业链条长、产品附加值高、辐射带动面广的龙头企业和产业集群。打好"联结牌"，大力推广"龙头企业+专合组织+农户"等经营模式，着力培育新型职业农民，加快形成以龙头企业为核心、专业合作社为纽带、家庭农场（农户）为基础的农业产业化联合体和产业联盟。目前，全县培育新型农业经营主体734家。其中，农民专业合作社385家，培育农业企业131家，家庭农场218家。大布镇、洛阳镇被评为特色农业专业镇，深洞村、前进村等15个村被评为特色农业专业村。初步形成了以合作经济组织为纽带，龙头企业为骨干，集体经济组织和其他各类农村社会化服务组织为支撑，多种生产经营主体共存的农业经营新格局。

三是强化农业公共品牌建设。大力实施农产品品牌战略，通过实施质量提升、培育创建、评价监测和营销拓展"四大行动"，打造一批区域品牌、产品品牌、企业品牌和地理标志品牌，不断提升农业品牌综合竞争力，合力塑造乳源农产品整体品牌形象。目前，全县累计获得

"三品一标"认证的农产品共24个（其中无公害农产品17个、绿色食品4个、有机农产品2个、地理标志农产品1个）。优质农产品也创造了良好的品牌效应，"乳源瑶山茶""乳源三宝""南岭蔬菜"等3个系列农产品纳入2019年度"广告精准扶贫"项目，在央视各频道播报，销售量和销售额比以往增加了2倍以上。依托东莞长安扶贫产销对接、金穗丰"大湾区"产销对接等活动，搭建了"南岭精品·五彩乳源"电商平台，将茶、腐竹、笋干、番薯干、旅游推介等农旅产品"上架"电商平台，入驻企业21家，在线销售商品数47个，实现"聚平台卖全国"，并打造了富农云商、绿色食品等一批线下农特产品超市，共建线上、线下一体化销售模式。

10.2.1.3 推动特色工业提质增效

一是壮大延伸特色产业链条。近年来，乳源瑶族自治县加速推进产业聚集和转型升级，推动产业链向两端延伸、价值链向高端攀升、生态链可循环再生，全力推进特色产业发展升级。依托现有龙头企业和产业基础，着力引进主导产业链上下游企业，有针对性开展招商引资活动，着力引进东阳光药业、硕成科技、胜蓝电子、怡隆光学等龙头企业和关联企业的上下游企业，构建"一区三园"现代产业集群。其中，东阳光高科技园引进和培育新药研制、传统中药开发等相关领域企业，进一步完善产业链条，形成集生物医药创新、制造、流通和服务一体化的产业链条。富源工业园以电子材料为主导产业，依托现有三协电子、胜蓝电子、东阳光磁性材料及高精度铝箔等产业基础，大力发展电子材料及覆膜材料等相关上下游产业。新材料产业园依托东阳光电化厂、东阳光氟、东阳光氟树脂等现有企业，积极引进培育精细化工新材料产业上下游企业，推动东阳光公司年产1万t二氟甲烷新型环保制冷剂扩建、年产3万t四氯乙烯扩建项目和硕成科技公司年产6 700t保护膜及特种胶带扩建等项目建设，不断延长新材料产业园特色优势产业链条。生物医药、新材料和电子信息材料产业实现集群发展，东阳光公司率先建成全市县域首个产值超百亿元的特色产业集群。

二是不断提升产业平台发展能级。近年来，乳源瑶族自治县全力推进东阳光"厂区变园区、产区变城区"改革试点工作，加快从传统的生产型厂区向产城融合的高新技术产业集聚区转型，推动园区与县城的基础设施互联互通和公共服务设施共享。园区低效闲置土地得到有效盘活、产业招商实现新的突破。富源工业园环境治理设施建设与县城区域实行共建共享，工业污水处理厂，完善园区、供水、污水管网、排水系统、路网等设施加快建成。

三是大力实施创新驱动发展战略。不断优化创新发展环境，成功创建韶关市首个县域省级高新区及广东省农业科技园区，与广东省科学院合作共建广科乳源产业创新园，引进广东省科学院乳源产业技术服务中心，搭建高新技术企业创新创业平台。科技研发平台不断涌现，2021年全年新增国家级专精特新"小巨人"企业1家、省级专精特新企业5家，净增高新技术企业6家。全县拥有高新技术企业34家，拥有各级工程技术研发机构64家，其中省级新型研发机构1家，国家级企业技术中心1家、重点研究室1家，省级工程技术研发中心15家，市级工程技术研发中心38家，企业技术中心8家。

10.2.2 促进资源资产价值转化

10.2.2.1 擦亮南岭明珠生态本底

一是创新生态建设绿色"五大"算法。用"加减法"提升森林生态质量。以"一心一轴两网多点大组团"为布局,"加"绿量,提绿质,"减"低效林,精准提升森林质量,优化森林生态环境。用"退位法"完善森林服务体系。搭建旅游与文化共生共享的平台,提升森林旅游的文化含量;完善南岭国家森林公园,天井山国家森林公园和南水湖湿地公园等的生态导向标识系统;有效提升森林服务能力。用"进位法"加快森林产业发展。打造茶叶、油茶、特色中成药等特色经济林体系,打造南岭落叶果核心示范基地400hm^2。用"幂运算"助推生态文化建设。用"乘除法"强化森林支撑保障。"乘法"提高智慧林业效率,完善资源综合管护;"除法"除去监管盲区。2022年,全县大规模推进国土绿化工作,启动乳源瑶族自治县国土绿化试点示范项目,完成古驿道沿线绿化建设0.3万亩;在石漠化地区实施人工造林2.4万亩,森林抚育2.5万亩,退化林修复0.5万亩。

二是高水平推进山水林田湖草生态系统修复。近年来,乳源瑶族自治县全力推动广东南岭国家公园建设,积极推进西京古道国家石漠公园建设,投入石漠化治理资金5 000万元,开展了乳源石漠化试点治理工程(一期和二期),累计完成岩溶地区石漠化治理面积82 250亩。其中林分改造5 500亩;建设生物防火林带6 750亩;封山育林7万亩。完成造林与生态修复24.6万亩,建设生物防火林带223.4km,完成城南森林公园等3条景观林带建设。此外,还实施了南水水库生态建设工程,增加森林植被,改善资源结构,增加水源涵养能力。

10.2.2.2 激活"过山瑶"文化势能

乳源瑶族自治县是著名的"世界过山瑶之乡",瑶乡文化旅游底蕴深厚,"瑶族盘王节""瑶族刺绣""瑶族民歌""乳源瑶族传统服饰"等列入国家、省非物质文化遗产名录,获评"世界过山瑶文化生态旅游目的地""中国瑶绣之都""中国民间文化艺术之乡"等荣誉称号。

乳源瑶族自治县依托南岭国家公园建设，以创建国家全域旅游示范区为抓手，充分发掘利用好森林康养、旅游、科普、研学和生态的综合价值，加快云门·五季、蓝山源度假区等重点项目建设，支持云门山、丽宫酒店、大峡谷等景区提质扩容，筹办好西京古道文化旅游节、天井山森林漫步节、大布腐竹文化旅游节等品牌节庆活动，开发文化创意、高端康养等特色旅游项目，放大"过山瑶文化"突出势能，建成面向世界的过山瑶文化交流窗口。

一是着力培育康养旅游新业态。搭建旅游与文化共生共享的平台，提升森林旅游的文化含量，推进生态康养等产业的发展，形成了瑶山王、一峰、粤凰三个市级森林康养基地。其中，粤凰森林康养基地位于南岭国家森林公园生态核心范围内，辖林地面积4 000亩，平均气温16.5 ℃，依靠南岭丰富的瑶族药用植物和优良的生态环境，围绕原生态的绿色有机和循环生态农业，拥有有机蔬菜瓜果、食药同源野菜类、瑶族秘方系列泡浴包类、乳源特色瑶族药材类、调理亚健康与慢性病的食疗茶饮类、养生滋补类产品等特色康养条件，打造成一个集森林旅游休闲度假、科学研究、科普教育、林下循环种养于一体的森林康养基地。

二是农文旅融合激活乡村振兴。大桥示范镇依托蓝山源岭南东方温泉度假区、客家风情以及西京古道等旅游资源，通过加强农家饮食、登山设备、绿道骑行等旅游设施建设，提升服务能级，打造大桥客家风情旅游带。乳城示范镇通过对辖区内云门寺、桂花潭、文昌公园、金狮公园、双峰山、国公岩、丽宫国际温泉旅游度假区、三王石、文秀峰等旅游景点与乡村旅游结合起来，打造出独具客家风情的旅游小镇，发展乡村旅游，打造乳城镇"一乡一品"特色旅游节庆。位于乳源瑶族自治县境内广东省天井山林场的乳源生态农业科技园，占林地面积近4 000亩。依托优良的生态环境资源，已建成集森林旅游休闲度假、科学研究、科普教育、林下循环种养于一体的现代生态农业科技园，开展沐森林浴，品森林美食，憩原生态木屋，体验自然农耕等乡村旅游项目。2018年，年接待游11 000人次，营业收入达到1 400万元以上，直接吸纳周边农民就业人数23人。

10.3 生态产品价值实现有效路径

10.3.1 做大做强大健康产业

实施"一瓶健康水"优质饮用水产业工程。发挥丰富优质的水资源优势，做大做强乳源水产业。扶持蓝松饮用水公司扩大生产规模和加大产品研发力度，加强品牌建设。通过引进社会资本、与科研院校合作等方式，开展水资源科研创新和成果转化，提高水资源"附加值"。瞄准饮料行业龙头企业，着力引进大型知名品牌企业生产茶饮料、酒饮料等，形成"乳源好水"区域品牌。

实施"一盒瑶山茶"高端生态茶产业工程。大力发展瑶山高山茶产业，出台财政金融鼓励政策，扶持华瑶、瑶山王、深洞合作社等经营主体扩大高山茶种植面积，建成一批茶产业示范基地，推进茶叶种植规模化、规范化、产业化。加强"乳源瑶山茶"品牌建设，提高制茶工艺水平，推动更多品牌通过国家食品安全认证，提升茶产业品牌效益，把乳源打造成为"双区"的知名"茶罐子"。推进茶产业的三产融合发展，培育和引进茶叶深加工企业，开发茶日化用品、茶保健品等深加工产品，积极发展茶园观光，延伸茶产业链条。

实施"一席特色菜"绿色优质食材精品工程。结合"一村一品、一镇一业"建设，大力发展规模化、产业化的生态无公害精致农业，集中打造优质稻、水果、蔬菜等优势特色产业基地。争取设立南水水库捕鱼特许经营权，开发利用乳源特色渔业资源。推进农村土地流转，加快建成现代农业产业园，建设中央厨房项目和冷链物流体系，发展名优农产品深加工，研制系列乳源食材客家菜、瑶族特色美食，搭建品牌农产品营销推介平台，打响"乳源高山蔬菜""乳源三宝""高山优质大米"等品牌，建立健全农产品物流体系，让乳源优质农产品畅销"双区"、走向全国。

实施"一袋手信"特色旅游产品开发工程。重点打造以瑶绣文创产品、彩石工艺品、本地名优农特产品为特色的乳源旅游手信品牌，推进建设农旅商贸街，建成以中农批全域旅游集散中心为主体的"一袋手信"特色旅游产品开发基地，推进文创孵化基地和文创研发联盟建设，研发具有瑶族特色的工艺品、食品和日用品系列手信，提升旅游手信的品质和文化附加值。加快推动旅游手信产品产销一体化，依托各类新媒体平台扩大产品宣传，逐步推动实现"乳源手信"的产业化、品牌化。

实施"一台民族戏"过山瑶文化产业培育工程。以瑶族文化生态保护实验区建设、省级公共文化服务体系示范区创建等工作为抓手，进一步做大做强过山瑶文化产业。提升瑶族原创音乐剧《过山瑶》展演水平，推进云门山景区"遇见·过山瑶"项目建设。加强瑶族歌舞、瑶族动漫等文艺作品创作，重点推动过山瑶文化、客家文化、古道文化等与旅游业创新融合，推进文化产业化、市场化，促进旅游产业升级发展。

实施"一盒高端药"生物制药产业攻坚工程。把生物制药产业作为乳源的战略性新兴产业进行培育，鼓励东阳光公司加快新药研发，加快突破分子靶向抗肿瘤新药研发，推进抗感染类药品原料药生产，推动莱洛替尼、宁格替尼和克立福替尼等新药项目落地投产。延长中草药产业链条，大力发展中药饮片、中药提取等加工产业。加快万森科技、曼陀罗制药等项目建设，支持制药辅料、医药包装材料、生物医药流通等配套产业发展，打造生物制药产业集群。

实施"一批医疗器械"高端制造业培育工程。大力推进高端医疗设备制造业发展，支持东阳光公司重点发展加速器硼中子俘获治疗实验装置（BNCT）治疗设备、超声刀、人工晶状体等医疗器械和医用材料，推动项目尽快落地投产、形成产值。加快曼陀罗产业园项目建设，推动研发转化平台、细胞治疗中心、医药制造生产中心、人工智能影像设备研发生产中心、高值耗材生产中心、药妆生产中心、医美产品生产中心等七大基地建成投产。

实施"一镇一品"道地南药种植示范工程。南药种植是乳源瑶族自治县"一镇一品"富民兴村的重要产业。出台政策扶持发展特色中草药种植，做优做强淫羊藿、黄精、牛大力、玉竹、龙脑香樟、九节茶等六个重点优势单品，因地制宜在各镇打造1个以上南药种植基地。引进实力较强的中药制药企业，采取"药企+合作社+农户"模式，推广南药"订单式"种植，扩大乳源道地药材种植品种和规模，支持开展药膳、食药两用产品和养生保健产品开发。加快推进瑶医药产业园创建，推动万森瑶药产业园落地建设，形成产销一体化。

实施"一个绿色产业示范园区"创建工程。在环东湖片区和二九一地块范围内规划建设以中医药治疗养生、瑶医瑶药养生、温泉养生、休闲度假养生、新药和保健品研发、中药材交易等为健康养生服务的现代服务业产业园。在县中医院开展瑶医药验方、瑶浴应用和临床试验，全面发挥广州中医药大学帮扶作用，推动新药开发、瑶医人才培养，把中医院打造成具有区域影响力的瑶医特色专科医院。推进医养结合，支持建立瑶医康养示范养老院。

实施"一廊一园"生态文化旅游产业带建设工程。构建"一廊一园"为核心的高质量发展格局，以乳桂公路沿线休闲度假旅游产业带为牵引，发挥"山水林瑶禅谷"旅游资源优势，打造成为"双区"的"后花园""体验场"。加快规划建设广东南岭国家公园东坪、洛阳、大桥、大布四大门户小镇，探索发展森林康养产业，创建国家森林康养基地，开发保健养生、康复疗养、健康养老等康养服务产品。推进乳桂公路沿线田园综合体、农家乐开发建设以及瑶族民俗文化、禅宗文化建设，推动形成集休闲游乐、生态观光、美食品鲜、研学教育、民俗体验、康养保健于一体的旅游新模式。统筹推进旅游公路、智慧旅游等配套设施建设，提升旅游服务和宣传水平，创建国家全域旅游示范区，推动全县旅游业大发展。

10.3.2 做活做旺文旅康养产业

擦亮"世界过山瑶之乡"品牌。坚定不移执行"民族牌，生态路"，尊重、保护和弘扬过山瑶的优秀传统文化，促进民族文化资源的创造性转化和创新性发展，实现民族文化资源优势转化为生态经济发展优势；创新民族文化资源保护传承方式，整合现存民族文化资源，深挖民族文化内涵，对尚未申遗的民间传统文化艺术加以保护，申报国家级或世界级非物质文化遗产名号；创新瑶族文化表现形式，推出可输出的文化展演、歌舞音乐、工艺美术等文化产业，建立瑶族文化IP产业链，推动瑶族文化国际化、产业化；吸收瑶族文化，建设风情浓郁的城市风貌，打造世界上首个瑶族风情小城，建立世界过山瑶风情园；加强文化产业与旅游、科技、金融、体育、药养生保健等业态的实质融合和深度融合发展，促进新的文化业态、新的经济增长点形成，放大文化"溢出"效应，实现各产业互利共赢。擦亮"世界过山瑶之乡"品牌，放大"过山瑶文化"势能，积极融入国家"一带一路"和粤港澳大湾区、深圳建设中国特色社会主义先行示范区的发展战略，加大与南亚、东南亚地区的联系，在新时代背景下承担起"一带一路"文化外交的新使命，建成面向世界的"过山瑶文化"交流窗口。

打造"文康旅体"综合项目产业。加强文化产业与旅游、养生保健、体育等业态的实质融合和深度融合发展，促进新的文化业态、新的经济增长点形成。探索瑶族非遗技艺保护传承与活化利用新路径，推进"非遗+演艺""非遗+文创"和"非遗+体验"综合开发。依托民族村镇建设多个非物质文化遗产主题工坊，搭建乳源原生态民族文化旅游小IP矩阵。以传承红色基因为主线，讲好"西水暴动""红七军转战乳源"等红色故事，加强红色文化挖掘利用。擦亮乳源户外运动目的地形象，充分利用南岭国家公园丰富的山地、丛林、峡谷资源，建设登山徒步、露营探险、山地越野、山地马拉松为代表的体旅融合多元产品体系。提质升级温泉康养，优化丽宫国际旅游度假区、蓝山源岭南东方温泉等温泉景区功能业态。创新发展瑶医药康养，加大瑶族药浴宣传推广力度，打响"微康养"特色品牌。

参考文献

[1] 陈炳水，马卫光，杨剑耀. 宁波经济与社会发展的理性思考［M］. 宁波：宁波出版社，2003.

[2] 吴玲玲，陆健健，童春富，等. 长江口湿地生态系统服务功能价值的评估［J］. 长江流域资源与环境，2003，12（5）：6.

[3] 崔丽娟. 鄱阳湖湿地生态系统服务功能价值评估研究［J］. 生态学杂志，2004，23（4）：5.

[4] 潘家华. 生态文明建设的理论构建与实践探索［M］. 北京：中国社会科学出版社，2019.

[5] 张修玉，挣子琪，陈星宇，等. 科学系统推进"山水林田湖草沙"生态保护与修复［J］. 绿叶，2023（8-9）：25-29.

[6] 张修玉，陈丽. 生态治国，文明理政，牢固树立社会主义生态文明观［J］. 生态文明新时代，2018（5）：76-81.

[7] 高德明. 可持续发展与生态文明［J］. 求是，2003（18）：50-52.

[8] 周生贤. 积极建设生态文明［J］. 绿叶，2009，12（3）：13-17.

[9] 张剑. 中国社会主义生态文明建设研究［D］. 北京：中国社会科学院研究生院，2009.

[10] 刘静. 中国特色社会主义生态文明建设研究［J］. 中共中央党校，2011.

[11] 张修玉. 科学揭示"两山理论"内涵 全面推进生态文明建设 [J]. 生态文明新时代, 2018 (1): 6.

[12] 中国环境科学学会. 中国环境科学学会学术年会论文集2010 [M]. 北京: 中国环境出版社, 2011.

[13] 周生贤. 走向生态文明新时代——学习习近平同志关于生态文明建设的重要论述 [J]. 中国生态文明, 2013, (1): 6–9.

[14] 康沛竹, 段蕾. 论习近平的绿色发展观 [J]. 新疆师范大学学报: 哲学社会科学版, 2016, 37 (4): 6.

[15] 欧阳志云, 王效科, 苗鸿. 中国陆地生态系统服务功能及其生态经济价值的初步研究 [J]. 生态学报, 1999, 19 (5): 7.

[16] 赵金龙, 王泺鑫, 韩海荣, 等. 森林生态系统服务功能价值评估研究进展与趋势 [J]. 生态学杂志, 2013, 32 (8): 9.

[17] 李文华. 生态系统服务功能研究 [M]. 北京: 气象出版社, 2002.

[18] Ehrlich P R, Mooney H A .Extinction, Substitution, Ecosystem Services [J]. Ecosystem Functions and Services, 2013: 45–72.

[19] Daily G C. Natures Science:Societal Dependence on Natural Ecosystems [M]. Washington D C: Island Press, 1997:18–20.

[20] Costanza R, Arge R, Groot R S, et al. The Value of the World's Ecosystem Services and Natural Capita [J]. Nature, 1997, 387 (6630):253–260.

[21] Moran D, Adger W N, Cervigni R, et al. Total economic value in Mexico of forests [J]. AMBIO. 1995, 24(5): 286–296.

[22] Kreuter U P, Harris H G, Matlock M D, et al. Change in ecosystem service values in the SanAntonio area, Texas [J]. Ecological Economics, 2001, 39(3):333–346.

［23］Konarska K M, Sutton P C, Castellon M. Evaluating scale dependence of ecosystem service valuation: acomparison of NOAA-AVHRR and Landsat TM datasets［J］. Ecological Economics, 2002, 41(3):491-507.